唯識學與物理學的統一

三界唯心，萬法唯識！

物理學的統一

保惠講堂 周財福 著

打破法界界線，
成為真正的自由人

在第一本書《保惠講堂（一）：末世尋道者修煉》中，以唯識學理論為基礎來談尋道者的心靈復活之路，並以《正法眼藏》、《印度生死書》來說明這是條古仙人之路，也是數千年來心靈修行者遵循的法教。再以近代神經科學的知識《意識究竟從何而來》，來確立古老的法教是符合心識神經科學的理論。接下來第二本書《保惠講堂（二）：唯識學與物理學的統一》中，將進一步討論眾生的八識與法報化三身的演化，及以姜放教授的《統一物理學‧空間單元理論》來說明唯識學理論。

1990 年我去大陸參訪時，覺得很特別的是：幾乎沒什麼廟宇、教堂。反觀在文明自由世界，科學愈發達的地方，被稱作迷信的廟宇、教堂到處都有。這是很令人困惑的事，好像宗教與科學在各自胡言亂語，但誰也不

招惹誰。可是就是因為不敢招惹對話，才造成到處都是宗教引起的衝突、殺戮，可憐了天下蒼生！廟宇、教堂的林立，個人認為是「法身烙印」的結果，這就讓眾生的法身執著，各自被收編到各自的法界，法身就不自由，這才是宗教紛爭的原因。要打破這各自法界的界線，才是解決宗教衝突的方法。本書將進一步的討論，法報化三身被烙印的機轉，以及如何守護自己的三身成為真正的自由人。

保惠講堂

周財福

| 目錄 |

CONTENTS

第一篇

宇宙與生命的創生

　　《大般涅槃經》最早出現「佛性」這個名詞，是大乘佛教「有宗」的核心思想，也是中國禪宗弘揚「人人皆有成佛之性」所常用的名相。因為有此成佛之性，人們才可能透過修學佛法而實現成佛。然而，並非所有佛教教派均贊同此觀點。佛教一般認為有情（即一切具有情識的生物）才有佛性，但天台宗湛然大師據《大乘起信論》所說「真如緣起」，而認為山川、草木、大地、牆壁、瓦石等無情亦具佛性，所以提出之佛性論。他在其所著的《金剛錍》中指出：「應知萬法是真如，由不變故；真如是萬法，由隨緣故。」主張真如即一心，或稱本覺；而萬物皆由一心、本覺依緣而生，故萬物亦體現一心、本覺。他駁斥反對者

6

說：「子信無情無佛性者，豈非萬法無真如耶？故萬法之稱，寧隔於纖塵，真如之體，何專於彼我？」《大乘玄論》中亦指出：「經中有明佛性、法性、真如、實際等，並是佛性之異名。」所以「佛性」這個詞，基本上與《奧義書》中的「梵」相似。那麼這創造萬物的梵、佛性，在物理學界是什麼？如亞里斯多德曾假設的「乙太」、牛頓提出的「光微粒」，又如二十世紀中的弦理論，主張「弦」以不同的振動模式對應到自然界的各種基本粒子，這些都是要解釋可能存在創造萬物的本源。本書將以姜放先生《統一物理學》的「空間單元」理論，來與唯識理論做比較、論證。

　　佛教對宇宙現象的描述，散見小乘的經論中，有如《大樓炭經》、《長阿含經》、《起世經》、《起世因本經》、《大毗婆沙論》、《俱舍論》等；大乘的經典有《大方廣佛華嚴經》、《瑜伽師地論》、《大乘阿毗達磨集論》等等。這宇宙的真如是由六大法性（又名六界）所造，即：地、水、火、風、空、識。此六法性周遍於一切法界，以造作有情與非情，故名為大。非情是五大所造，有情是六大所成。小乘佛教認為萬物都不是實有的，而是由六大所構成的，

而六大本身是實有的。「六大緣起」是指大乘佛教中的「緣起觀」。依據《大日如來經》認為一切現象，莫不是大日如來之妙體、妙相、妙用；一切眾生，近自個人大至宇宙，自頂至踵，由內而外，皆是六大所成。唯識思想主張宇宙的一切，山河大地，日月星辰，乃至眾生的知、情、意等的一切心靈活動，皆為眾生的心識所變現。但因眾生心識有無明業力染污，造成緣起法相的功德差別，於是產生各種千差萬別的現象，這即是所謂「三界唯心，萬法唯識」。

佛教認為人因身口意行為業力，死後會輪迴轉世，《佛說三世因果經》中有說：「欲知前世因，今生受者是，欲知來世果，今生作者是。」要了解輪迴的運作，就要認識法、報、化三身。小乘佛教認為佛具有三身，大乘佛教認為眾生是佛，所以眾生也具有法報化三身。法身是什麼？法身就是自己真正的生命，就是眾生輪迴的主體。報身，就是因緣果報所得之身，如人的肉身；例如人、天人、動物、孤魂野鬼等，這些都是不同的報應身。佛經說：「所作業不亡，縱經百千劫，因緣會遇時，果報還自受。」因為過去所造的業因不同，所以現在感得的果報身也不一樣。

化身，就是依著當下環境變化，所反應的不同身分，如為父母、子女，不同的職業身分等。又如同一個人，或同卵雙胞胎，可能具有相同的基因與業力，但在不同的文化環境成長，可以有不同的法相表現。

　　最後既然科學研究，已經確認娑婆世界的眾生是透過演化而成的（至少生物界是如此），那麼唯識學所討論的眾生具有的八種覺識：眼、耳、鼻、舌、身、意、末那、賴耶，也應該可以用物理科學的演化來解釋。所以本書也以《統一物理學》的觀點探討八識的演化。

【1】
永恆存在的主體

有一次，喜歡論辯梵知的諸聖者相遇再一起，彼此相詢：「梵是宇宙的原因嗎？我們自何處而來？而我們來了，誰來保守維繫著我們？當我們命終之日，我們又將去往何方？哦，知梵者，究竟是誰在掌控著我們，使我們受制於某種苦樂的法則而無法得著自由？」時間、物性、因果、偶然、土、水等諸元素，或個體自我──正是這些（時間、六大）構成了宇宙之起因嗎？我們必須思考這問題。

（《白騾氏奧義書》〔一〕1.1，1.2）

聖者們進入深度的冥想，並看見光芒四射的宇宙大我作為世界肇因的權能。梵的幻力，稱作摩耶，是指梵創造的有情識（阿特曼、個體自我），依真如法緣起萬法時，會有三能識變而展現三種特質：薩埵（喜德：使心光明、

輕快與歡喜）、羅闍（憂德：使心活耀、散亂與躁動）和答摩（暗德：使心遲鈍、無力與昏暗）。而有情識（阿特曼）緣起法相時，當下即具「有（自我主體）」、「時（時間）」、「界（空間）」。（《白騾氏奧義書》〔一〕1.3）

原質，即是梵所創造的真如法（即是「有相之梵」），是有情識緣起一切世間萬法所依的，就是摩耶（無明業力）。而緣起的宇宙萬象，就是依著摩耶的幻力而有。梵創造了原質（真如法），有情眾生的六轉識因具有摩耶（無明業力），使依著原質緣起有二元分別的法相。但梵創造的宇宙自我（有情白淨識，不受業力染污）是一元性的，不落入六轉識二元性分別的感官世界所迷惑。（《白騾氏奧義書》〔四〕4.5，4.10）

「此」現象界萬法是依「彼」真如法緣起的，是「彼」有故「此（緣起幻相）」有，「彼」無故「此」無。因真如法「彼」是一元性的無限，故緣起的現象界萬法也是無限的。但梵（佛性）恁麼而有的真如法「彼（真如法）」是法住法位的，是恆常不變的，是「此（緣起幻相）」無而「彼」不變，而且是一元性的無限。這是《奧義書》「不

二」智慧的宣言。（《伊薩奧義書》禱詞）

所以，梵創造了一切，也含攝於一切中。梵創造了金胎（「原人」，是一切有情識的源頭，即第六大的有情白淨識），同時也賦予明（覺知的智慧）的功德。梵也創造了五大（地水火風空）所構成的真如法（「原質」，是無知）界。而金胎與真如法都是梵所創造、所掌控的。當金胎的有情識，因過去的業行染污而有異熟種子，就會發生識轉變而依真如法緣起法相，當緣起法相起無明性二元分別時，就有有情眾生的生老病死。有情眾生的緣起法界，是依著真如法（無知）而有「此有故彼有，此無故彼不變」的生滅變化，故無知（虛幻的緣起法相）正是生死之因，但知識（識覺）卻通往不朽。故這位主人——金胎（是一切有情識的源頭），與萬物有別。（《白騾氏奧義書》〔五〕5.2）

從《奧義書》的古老智慧可以推知，最基本的存在主體是「梵」。由梵創造了六大——地、水、火、風、空、識的真如法。而且，梵含攝於這一切之中。再由真如法衍生出「原人」（一切有情識、心靈、精神的源頭），和「原質」（一切無情法、物質的源頭）。因此，現代科學的文

明要能夠有符合古老智慧的統一性理論，必須能夠說明上述的一些事項。例如主體的梵「含攝於一切之中」，也就是說「空」也是由梵所成的。從這一點來看，曾經流行的「以太（ether）」學說，認為真空中充滿著「以太」可當作光的載體，並能滲透到通常的物質中；另外「弦（String theory）」理論，認為宇宙空間及其物質都是由不同狀態的弦、超弦所構成；這兩理論都有可能來註解梵的運作。但《統一物理學》作者所提出的「**空間基本單元**」理論，有足夠的證據和數理推導來說明。

　　首先，要確認的是「『空』也是由梵所成的」這事，表示宇宙空間也應是具有物質屬性。已經被人們確認的宇宙空間的物質屬性有（page 4）：

1. 無論是「以太」還是「弦」，宇宙空間必定存在著某種基本物質單元；

2. 由於光、電磁波、引力均由空間傳播，所以宇宙空間一定還存在某種性質的基本物質單元（可簡稱空間基本單元），並且由於這種物質單元的運動才使得這些能量波動（以光的速度）得以在空間傳播；

3. 宇宙空間自身存在溫度為 2.725 K 的熱輻射（排除了粒子性的輻射）。由於熱輻射是物質熱運動的一種直接表徵，這也證明了宇宙空間確實是存在某種基本物質單元這一猜測，並且由於這種基本物質單元的熱運動引發了 2.725 K 的熱輻射。

由這些理由，可以假設存在這樣宇宙空間的物質基本單元體，並由這種基本單元體及其運作的法則，構成所有宇宙中的精神與衍生物質（即原人與原質），微小如電子、質子、中微子等基本粒子，巨大如行星、恆星、星系、黑洞等。在這種前提下，作者發現宇宙空間存在相當於 2.725 K 左右的電磁輻射，就是由這種宇宙空間基本單元的運動所引起。而且進一步假設，空間單元的運動導致了光、電磁波、引力在空間的傳播。而這些的傳播都是光速，故可以假設空間單元的運動也是光速。

「空間基本單元理論」提出以下三個假設（page 5）：

假設 1：宇宙空間是物質的，並且存在基本物質單元。這種**空間單元體**以不同的**能量**狀態形式，構成了宇宙的所有形態的物質，並假定於 2.725 K 基本能量態下的空間單

元體的能量等效質量為 m_0（非慣性質量），相應能量為 m_0c^2。

假設 2：由於這種空間單元的**運動**（波動、振動或其他形式的能量交換），導致宇宙空間存在 2.725 K（實際測量值）左右的微波背景輻射。

假設 3：空間單元的運動（採用方均根速率，原因在於方均根速率是能量傳遞的速度），或能量交換為光速：$u_{rms} = c$（rms, root mean square velocity）。

根據量子物理學對於（溫度為 T 的）黑體輻射的解釋：空間基本單元在空間的運動，可以分解為在 0 至無限大的頻率範圍內的諧振子的振動模式。由於空間單元的運動是 3 維的，其總平均能量為：

$$\overline{E} = 3k_BT \ ; \ \frac{1}{2}m_0c^2 = \frac{3}{2}k_BT$$

$\overline{E}$：總平均能量；k_B：波耳茲曼常數；T：絕對溫度

當空間背景輻射的等效溫度 T = 0 時：空間基本單元的能量為 0，等效質量也為 0。因此空間基本單元不具備慣性質量，或者極其微小不在檢測範圍，因此也可以說，在檢測範圍內空間基本單元的慣性質量為 0，靜止質量也為 0。

所以空間基本單元作為構成「空」大存在的物質，具有可以在能量激發下產生波動（光波），以及可以以光速傳播波動能量的真實屬性。（《楞嚴經》所說，空大為無礙之性）

想像中的空間單元形態或許更接近於當代物理學的「弦」，或類球形的形態，或一個各向同性的多維度微小空間區域，其等效質量 1.255826×10^{-39} kg，約能量 0.704467 eV。空間單元的質量與形態和所處的能量狀態是直接相關，並且處於基態的空間單元是不具有自旋角動量屬性。由這空間基本單元的運作，將產生所有的物理原則與物質。所以，宇宙的存在與運作是因為其溫度非絕對 0 度，即其能量非 0，而是 2.725 K。這樣的非 0 能量，啟動了物理的運轉與物質的生成。所以，如果要用此理論解釋梵的創造「原人」與「原質」，這非 0 空間單元能量海的運轉，必須具備有六大——地、水、火、風、空、識的所有特性。這空間單元能量海是不是聖者們進入深度的冥想，所看見光芒四射的「宇宙大我」？

【2】
六大的誕生

> 這位至尊的主人永遠含攝整個世界。它是唯一的智者，它是全知者。是它創造了時間。它是純粹的。它念頭一動，地、水、火、風、空五大元素就作為它的作品，自它裡面湧現出來。此須細加思量。

> 這位主人完成了自己對宇宙的創造，然後就審視之。復次，它又把一、二、三，或原質的八種粗糙元素，再加上時間與心靈的精微屬性，全部加以融合。

（《白騾氏奧義書》〔六〕）

梵創造了一切，也含攝於一切中。知識（指覺識）與無知（指無覺知的真如法，是物質萬法的源頭）兩者皆深藏於至尊梵。梵的知識創造了金胎（是一切有情識性的源頭，即第六大的有情白淨識），同時也賦予明覺的知識力量。梵的無知也創造了五大（地水火風空）所構成的真如

法界。而金胎與真如法都是梵所創造、所掌控的。當金胎的有情識，因過去的業行染污而有異熟種子，就會發生識性轉變而落入業力轉識的無明，當依真如法緣起法相，就起無明的二元性分別，就會眾生的生老病死。有情眾生（無明識性）的緣起法界，是依著真如法而有「此業識有故彼真如緣起法有，此業識無然彼真如法不變」的生滅變化，故無明正是生死之因，但金胎的智覺卻通往不朽。故這位主人——金胎（是一切有情識的源頭），與萬物有別。

眾生的有情識，依法住法位的真如法緣起現象界的法相。在緣起法相時都會因一元性的覺知，而有「梵即是我」、「物我一如」、「性相一如」、「心法一如」的親證。也就是說，在創造之當下「原人」與「原質」是一起發生的，是「心法一如」的。**金胎（純粹之識，即第六大的識性）是如潔淨的鏡子般**，依著「原質」呈現法相。換言之，空間單元能量海在誕生最微小的粒子物質時，就於金胎的明鏡中也產生粒子法相。

據現今物理學的觀察，宇宙空間可以直接以光速傳播的就是光波（電磁波的一種）、電磁波。而發出這種波的

物質就是電子，並且光波更多的是伴隨著電子的運動產生的。電子質量為：$m_e = 0.910938291 \times 10^{-30}$ kg，電子應該是宇宙空間中最普遍、最簡單的、能量最低的穩定粒子。電子與空間的密切程度以至於英國物理學家保羅・狄拉克把空間設想為電子海，在真空中施加足夠大的能量下，可以由真空中激發產生電子。同樣地，正、負電子相遇湮滅時放出光子，這光子其實就是空間基本單元波動的表現（《統一物理學》page 12）。

狄拉克提出狄拉克方程式來說明空間電子海的理論，其等式中發現除了一般正能量之外有負能量結果。這顯示出一個問題，當電子趨向於朝著最低可能的能階躍遷時，負無限大的能量變得毫無意義。然而，為了彌補這條件，狄拉克提出真空狀態中充滿了負能量（即因真空的 2.725 K 溫度，會因輻射冷卻趨向於絕對零度〔0 K〕）電子的「海」，稱為狄拉克之海。任何真實的電子因此都會填補這些海中具有正能量的部分。衍伸這個概念，1932 年美國物理學家卡爾・安德森在實驗中證實了正電子的存在。雖然狄拉克本人未使用反物質這個術語，但是後來的科學家將反質子

等粒子統稱為「反物質」。反質子、反中子和反電子若以類似質子、中子和電子的方式結合，就會形成反原子。當反物質與物質相遇時，它們會相互吸引、碰撞，100% 轉化為光，並釋放出的龐大的能量，這一過程被稱為湮滅。反物質的運動並不違反因果律。在電磁波的超前波和延遲波相加的情況下，違反因果律的項次會互相抵消。如果沒有反物質，反而可能導致因果律的瓦解。由現代物理的結論來看，未激發的明鏡「**空間單元能量海**」是充滿光明的，是**目擊者**可以鏡像的呈現粒子的誕生，也就是說它就是「金胎」，就是「**識**」大。（《楞嚴經》所說，識〔覺〕大為覺知與了別之性）

由於電子與空間的密切關係，本書作者提出下列假設（page 12）：

假設 4：電子也是由空間單元組成的。

假設 5：空間單元的半徑（或者說空間單元受激發後可構成的最初級的穩定體佔據空間的半徑）接近（受能量態影響，空間單元體積會有變化）或與經典電子半徑相同。（即空間單元體受激後處於電子能量態下，$r_0 = r_e$）。（所

謂的「激發態」是指空間單元擁有了內稟自旋能量）

　　從目前宇宙所有基本粒子來看，電子應該是空間單元最容易構成的穩定體。電子的空間能量密度球體，是以其康普頓波長（λ_e）為半徑的球型空間。而電子（即受激後的空間單元體）的體積是以 $r_0 = r_e$ 為半徑的球體。因在此極微小尺度下，空間是彎曲的 6 維度，故 λ_e 與 r_0（$= r_e$）應視為圓周長。而一個電子康普頓波長（λ_e）的圓周是由 137 個激發態的空間單元體波長（$r_0 = r_e$）所圍成，即 $\lambda_e = 137r_0$ $= (1/\alpha)\, r_0$（$\alpha = 1/137$ 是精細結構常數）。所以，電子的空間能量密度球體積是激發態的空間單元體積的（$2\pi/\alpha$）³ $=$ 638327600 倍，即經典物理學所謂的**電子**，是由 638327600 個激發電子態（即具有電子內稟自旋能量）的空間單元所組成。同樣道理可以推算，經典物理學所謂的**質子**，是由 638327600 個激發質子態（即具有質子內稟自旋能量）的空間單元所組成（page 14）。

　　由此發現作者提出下列假設（page 24）：

　　假設 6：①空間存在基本單元體，包括質子、中微子在內的所有物質都是由空間基本單元組成的。②組成正電

子的 638327600 個空間單元，在賦予更大能量後可以構成質子。即質子是由 638327600 個處於更高能量狀態的空間單元構成。

　　作者發現 638327600 其實就是質數 1595819 的 400 倍。由於質數是不可再分割的數，所以可以理解為電子、質子這些基本粒子是由 400 個完整不可分割的空間單元集合體組成。所以質子的能量是 $E_p = 400 \times E_{1595819}$，而這個 $E_{1595819}$ 就是直接參與了構成宇宙所有物質的最基本單元子的合成的——**夸克**。所謂物質的質量，是指封閉在 6 維空間的能量。若能量受激發而有自旋性，就會顯示出慣性質量而被測得，否則只能用熱力學的方法推算。存在能量的傳遞是以級數系列的「能量包」方式，這也是質子的能量是以 $E_{1595819}$ 組成的原因：

$$E_{1595819} = \frac{E_p}{400} = \left(\frac{1}{5}\right) \times \left(\frac{1}{80}\right) \times E_p$$

而級數系列 $S_n = 1 + r + r^2 + r^n$，$|r| < 1$ 時，

$$S_n - 1 = r + r^2 + \cdots + r^n = \frac{r - r^n}{1 - r}$$

當 $r = \dfrac{1}{3^4} = \dfrac{1}{81}$，$n = \infty$，

$$S_{\infty} - 1 = \sum_{n=1}^{\infty} \frac{1}{(3^4)^n} = \frac{1}{3^4} + \frac{1}{3^8} + \frac{1}{3^{12}} + \cdots$$

$$= \frac{\dfrac{1}{81}}{1 - \dfrac{1}{81}} = \frac{1}{80}$$

所以，空間像單元能量體形成的大海，而受激態的單元自旋形成電子能量態時就像漩渦，只不過是將 638327600 個各向異性的單元體，協調成統一方向自旋的集合體（質子的形成也是如此），$E_{1595819}$ **的形成其實是質子能量在封閉的 9 維空間分布的結果**。這集合體同方向的自旋能量，即是使能量表現出粒子性及產生慣性的質量。而質子中 5 個 $E_{1595819}$ 形成一組能量級數系列傳遞能量，也是使原子核外電子於電子軌道繞行運動的起因（非連續的「能量包」方式，即是普郎克常數的基礎）。而這質子的自旋能量會造成核外電子的上、下翻轉，也是造成兩個核子傾向於分享軌道上的電子，而結合形成分子的原因。所以自旋能量（正一反、位能一動能轉換）應是「風」大的源頭。（《楞嚴經》所說，風大為動性）。

由此發現作者提出新的假設（page 30）：

假設 6：①由 1595819 個空間單元組成的一個空間單元的質數集合體能量為：$E_{1595819} = 2.34568$ eV，是構成了核子的基本單元——上夸克，即上夸克是由一個空間單元質數（1595819）集合體所構成。②由 2 個空間單元質數集合體，構成了核子的基本單元——下夸克。

根據現代物理實際測得數據，各種粒子如緲子、π^0、π^+、π^- 等推算均是由夸克構成。由此發現作者提出下列假設：

假設 7：質子內部由 1595819 個空間單元組成的質數集合體 $E_{1595819}$ 是構成各種粒子、介子的基本單元體。（page 31）

假設 8：3 對 π 介子、1 個緲子、2 個上旋的上夸克、1 個下旋的下夸克，構成一個質子。（page 36）

由於物質都是由原子核形成的原子，再結合成元素、分子等基本物質組成。所以這些物質的能量來源，都源於元素中的原子核，因此核中質子、中子的空間單元質數集合體夸克 $E_{1595819}$，所提供的能量級數系列的「能量包」傳遞方式，應該是「火」大的源頭。（《楞嚴經》所說，火大為煖性）。

【3】
能量的空間分布
與作用力的誕生

> 梵是唯一者，它從沒移動分毫，卻比心念還迅速；它雖
> 在前方，而諸根卻無法觸及；它安然肅立，卻所向披靡。
> 藉它之力，空界的天神支撐著眾水，也支撐著現象界之
> 萬有。
>
> （《伊薩奧義書》4）

物質元素中最重要的是原子核，而原子核中的能量
來源是質子（中子也是以質子能量表現，只是多個高能電
子）。質子內部微小尺度的 3 維空間是被彎曲的，每一維
度彎曲成 2 維性（即 2 種運動方向），故質子是 6 維空間
結構（也就是說，大尺度的 3 維空間銜接微小尺度 6 維空
間）。（page 48）所以，質子內部的能量運動呈現一種對

稱性，即能量的**二極屬性**，也就是正—負、左—右旋，這也是反粒子被發現的原因。而這內部的二極屬性也影響外圍電子（上、下翻轉）的運動和能量屬性，進而影響原子傾向於分享電子而結合成分子及晶體的屬性。（page 60）（第 10 維度是伴隨著空間單元能量運動的 1～9 維度而展開的，也許可稱為時間維度，或是相對於熱力學的熵。）

1932 年查兌克於 α 粒子轟擊實驗中，發現電中性的中子，其能量依數據推算是 $E_n = 401 \times E_{1595819}$。海森堡發現原子核是由質子—中子組成的。依量子色動力學理論，夸克（$E_{1595819}$）是組成質子、中子及各類強子等，同時 π 介子參與夸克間的能量交換成**強作用力**來穩定原子核系統。中子比質子多了一個夸克，正是此多的一個夸克與質子共享，使核子間的相互結合穩定。由現今物理學的許多證據發現，與核子相關的很多粒子能量（用 E_χ 表示）和核中能量（用 E_{np} 表示，中子→n、質子→p）有如下相關性：$E_\chi \propto E_{np}/n^2$，符號 $\propto$ 表示正比關係，n 為整數。作者稱這種關係為**核子能量的空間分布**，對應的能量波長為 $\lambda_\chi \propto n^2\lambda_p$。將 $n^2\lambda_p$ 延伸到原子核外的 $(200n)^2\lambda_p$ 時，這 n 就是經典物理的總量子

數，而這一量子數在核內、近核區依然是主導作用。（page 64）

質子內部是以緲子為內核，而緲子包含有一個高能電子。中子是由一個高能電子和一個質子構成的。由空間基本單元理論推導的高能電子與能量級數系列，可在緲子及中子中發現，這也是中子—質子的弱核相互作用（**弱作用力**）——即經典物理中 W／Z 粒子的來源。弱作用力最早在中子衰變過程中發現，凡是涉及中微子的反應都是弱相互作用的過程。弱相互作用是由 W 及 Z 玻色子的交換所引起的。中子結構中的質子內部高能電子，與外部的高能電子相互作用，就成了**弱核力**來穩定中子的存在。故參與弱相互作用的粒子有高能電子、π 介子、緲子、上及下夸克（$E_{1595819}$）。夸克（$E_{1595819}$）是唯一可以參與四種基本作用力（強作用力、弱作用力、電磁作用力、萬有引力）的粒子，而運作的方式是透過夸克（$E_{1595819}$）以能量級數系列的能量傳遞交換。（page 82）這四種**基本作用力**是穩定所有微小粒子甚至到巨大的星體的因素，這應該是「**地**」大的源頭。（《楞嚴經》所說，地大為堅性）

　　這一空間基本單元理論提出的能量空間分布原理和以空間基本單元作為物質粒子構成的基本物質單元，完美的解釋基本粒子質子、中子、繆子等的構成。而最重要的證據體現在理論推導的這些粒子質量、性質，和現代物理的實驗測量數值保持完全一致的結果。依據 2.725 K 的宇宙背景輻射提出的簡單理論，可以推導出全部重要粒子的所有屬性，這也就說明了宇宙物質的統一性。在粒子物理學中，電弱交互作用（弱電理論）是電磁作用與弱交互作用的統一描述。雖然在日常的低能量情況下，電磁作用與弱作用存在很大的差異，然而在宇宙大爆炸時是有足夠地熱（約 10^{15} K），就只有一種電弱作用力，不會有分開的電磁作用與弱交互作用。然而弱電理論的問題，在於其傳遞弱作用力所提出的粒子 $W^\pm$ 和 Z^0 玻色子是有質量的，而光子是無質量的。在標準模型裡 $W^\pm$ 和 Z^0 玻色子和光子是電弱對稱性自發對稱破缺所產生的，此一過程稱做希格斯機制（page 85）。但標準模型無法解釋這些基本粒子的質量來源，故假設有一希格斯場瀰漫於空間。在真空中，由於此希格斯場的振幅不等於 0，也就是真空期望值不等於 0。此時弱電

交互作用裡會發生自發對稱破缺。在這概念中，所謂的「能量」是一種或多種能量的循環使用（在經典物理稱為虛粒子）（page 82）。但從空間基本單元理論看，這些 $W^\pm$ 和 Z^0 玻色子，不過是質子內部的高能電子和內部粒子 π 介子、緲子、上及下夸克（$E_{1595819}$），不斷循還運動的結果而已。這時的高能電子概念是 6 維的封閉空間，因而有自旋性的 $W^\pm$ 和 Z^0 玻色子必然會有質量。

　　目前量子力學理論的真空與一般認知的真空不同。**在量子力學裏，真空並不是全無一物的空間，虛粒子**會持續地隨機生成或湮滅於空間的任意位置，這會造成奧妙的量子效應。將這些量子效應納入考量之後，空間的最低能量態，是在所有能量態之中，能量最低的能量態，不具有額外能量來製造粒子，又稱為基態或「真空態」。最低能量態的空間才是量子力學的真空。理論上宇宙大爆炸時所產生的粒子與反粒子應該數量相同，但是為什麼現今所遺留下來的絕大多數都是正粒子，這即所謂的「正反物質對稱性破壞」（對稱破缺），及所謂的電荷宇稱不守恆（CP 破壞）。這是因為真空的 2.725 K 溫度不是最低能量態，會因

輻射冷卻趨向於絕對零度（0 K），所以真空狀態中是充滿了負能量。而此宇宙 2.725 K 的背景輻射溫度，也正是在真空中希格斯場的振幅不等於 0 的原因，也是提供弱電交互作用發生自發對稱破缺的源頭。（page 85）

　　自發對稱性破缺，這是一種自發性過程（spontaneous process），由於這過程，本來具有這種對稱性的物理系統，最終變得不再具有這種對稱性，或不再表現出這種對稱性，因此這種對稱性被隱藏。大多數物質的相態可以通過自發對稱性破缺的透鏡來理解。例如，晶體是由原子以週期性矩陣排列形成，磁鐵的磁北極與磁南極會指向某特定方向，打破旋轉對稱性。此外，還有很多種對稱性破缺的物質相態，包括液晶的向列相（nematic phase）、超流體等等。這種存在的能量傾向於最低能量態，造成物質的轉換會有自發對稱性破缺的特性，應該是「水」大的源頭。（《楞嚴經》所說，水大為濕性。水性融通，水性不定，流息無恒。）

　　這《統一物理學》理論很好、也更簡易的描述了上夸克、下夸克、緲子、π 介子、$W^\pm$ 和 Z^0 玻色子等的構成與能量的推導，而且更為重要的是在於這一方法的使用，貫

穿著統一物理學理論的始終，如緲子的質量、磁矩的推導、質子的磁矩推導、夸克的 1 / 3 分數電荷的推導、中子的質量和磁矩的推導、核子核電荷半徑的推導，以及下面要討論的原子結合能乃至萬有引力等。這些具有物理學統一性的推導都與目前物理學界的實驗數據精確相等，並且更為深刻地揭示出核子內部的精細結構，如基本粒子內部的空間基本單元質數集合體 $E_{1595819}$、能量級數序列、能量的空間分布原理，以及無所不在的空間基本單元構成了豐富多彩的核子內部空間體系。正因為這些理論與實際證據的相符，使得物質發生的統一性是可以解釋的，用《統一物理學》來詮釋《奧義書》與唯識學的理論是可行的。

【4】
原質與原人的誕生

（原質，即世界受造的質料，即是「有相之梵」）應知原質就是摩耶，還應知摩耶之主乃是大自在天（即梵）。整個宇宙就是大自在天的身體。

（《白騾氏奧義書》〔四〕4.10）

從梵生出了七種感官，也從它生出了七種感覺，七種所感知的對象，七種覺知，每一生物體內七種感官所居的七個座位（指眼、耳、鼻、舌、身、意、末那等七識，也稱過去七佛）。除非它們是活躍的，否則感官就消融於自我，屆時（如無夢之睡眠），自我就安居於心的洞穴之內。

（《禿頂奧義書》〔二〕2.18）

「許多已經顯現的靈魂，依照其業力和知識，擁有了一個身體，進入了重生的旅程。但是也有些情形是，其所獲得的身體是無法行動的（比如一棵樹）。」

（《卡塔奧義書》〔四〕2.2.7）

　　唯物主義的原子論早在公元四世紀就被提出，Democritos 認為宇宙物萬是由世界上最微小的、堅硬的、不可再分割的物質粒子構成的，他稱這種粒子為「原子」，而且認為「運動是原子本身所具有的性質」。1803 年 Dalton 基於實驗證據提出元素、原子學說，認為宇宙物萬是由無數的元素構成的，元素的最終組成稱為簡單原子，它們是不可見的，既不能創造，也不能毀滅和再分割，它們在化學變化中本性不變。同一元素的原子，其形狀、質量及性質是相同的，但不同元素的原子不同。不同元素的原子以簡單數目的比例相結合，形成分子化合物，如水是 H_2O、氧是 O_2。近代科學已經知道除氫原子是由單一個質子構成外，其餘元素的原子都是由質子和中子結合而成，而且質子、中子可以經實驗知道是由更基本的粒子上、下夸克組成。

　　《統一物理學》作者由 2.725 K 的宇宙背景輻射提出**空間基本單元理論**，成功的推導發現質子是由 400 個夸克（$E_{1595819}$）、中子是由 401 個夸克組成。質子和中子是通過共享一個夸克（$E_{1595819}$），結合後使得雙方都擁有 400 個夸克（$E_{1595819}$）成穩定的能量集合體。**因為達到擁有 638327600 個空間單元的完整集合，是宇宙間粒子穩定存在的必要條件。**（page 92）空間單元質數集合體 $E_{1595819}$ 是構成所有粒子的基礎。所以，目前發現的一百多種元素，只不過是更多的空間基本單元質數集合體 $E_{1595819}$ 通過共享形式結合在一起的結合體而已。從《統一物理學》理論來看，上、下夸克其實就是代表著具有 9 維空間構造的空間基本單元，內含有的 6 維的 3 個封閉子空間的屬性，而核子之間的結合就是具有 9 維空間屬性的空間基本單元之間的封閉子空間的結合。所以原子核之間的連接，也是眾多封閉的 6 維空間之間的空間對接。（page 94）

　　依《統一物理學》結論來看，眾多夸克（$E_{1595819}$）**通過共享的結合體**（638327600 空間單元構成的穩定物質粒子＝ 400 個 $E_{1595819}$ 結合體）其以激發態能量運轉的是「**原質**」

34

（一切無情法、物質的源頭），而此眾多的 $E_{1595819}$ 相連接的 6 維封閉空間的結合體（638327600 空間單元構成的穩定物質粒子的結合體）是「**原人**」（一切有情識、心靈、精神的源頭），而且這「原質」與「原人」是一體的存在。從唯識學的觀點，「原人」的發展（因染污而有業因種子）存在形式有三界：欲界（六道）、色界（四禪天、有色身）、無色界（四空天、無色身）；而「原質」發展成色報身，應該是 $E_{1595819}$ 共享的結合體成為元素的原子（638327600 空間單元構成的穩定物質粒子的結合體）之後。所以，所謂的「**色界**」應該是元素的原子（具有能量物質的無明屬性）形成大千世界的物理現象（如光電、聲音）與物質世界（如山河、日月）。宇宙間從基態的空間基本單元到元素的原子形成，中間雖有許多近代物理所測得的粒子，如質子、中子、繆子、電子、微中子、以及各種介子與玻色子，然而這些粒子的單獨存在都不穩定，而且從《統一物理學》的理論推導知道，這些所謂粒子都只是許多夸克（$E_{1595819}$）結合成不同能量體並以能量級數序列展現而已。這些粒子脫離強作用力與弱作用力之後，衰變成不同種類的微中子。

有些學者認為正如大爆炸後所遺留的宇宙微波背景輻射那樣，宇宙中還會存在一個低能量微中子背景輻射。微中子（義大利語：Neutrino，其字面上的意義為「微小的電中性粒子」，又譯作**中微子**）是一種電中性的基本粒子，自旋量子數為 1／2。現在已經有證據表明其具有質量。但其質量即使相比於其他亞原子粒子也是非常微小的。它可能是現在唯一一種已探測到的**暗物質**，是一種熱暗物質（因具有自旋性能量）。由於微中子是電中性的，同時還是一種輕子，因而其並不參與電磁交互作用以及強交互作用。其只參與弱交互作用以及重力交互作用。由於弱交互作用作用距離非常短，而重力交互作用在亞原子尺度下又是十分微弱的，因而微中子在穿過一般物質時不會受到太多阻礙，且難以檢測。學者認為微中子在飛行過程中會在不同味（一種量子數）間振盪，比如 β 衰變中產生的電微中子可能在檢測時會變為緲微中子或濤微中子。這一現象表明微中子具有質量，且不同味的微中子的質量也是不同的。依據現在宇宙學探測的數據，三種味的微中子質量之和小於電子質量的百萬分之一。電子是由 638327600 =

400×1595819 個空間基本單元組成，所以微中子是由數個 $E_{1595819}$ 的結合體，仍具有眾多封閉的 6 維空間結構。從這些觀點來看，有各種低能量振盪的微中子世界，雖不足以構成色法身，但仍是具有能量物質的無明「原質」屬性，以及封閉的 6 維空間明性「原人」屬性。所以，微中子世界應該是所謂的「無色界」。

「欲界」（六道、天道七天）是以執取依附六塵物質性的根身為主體而存在；「色界」的初禪天（梵眾天、梵輔天、大梵天）是以五根識為主體存在，二禪天（少光天、無量光天、光音天）是以第六意識為主體存在，三禪天（少淨天、無量淨天、遍淨天）是以第七末那識為主體存在，四禪天（無雲天、福生天、廣果天、無想天、無煩天、無熱天、善見天、善現天、色究竟天）是以有異熟的第八阿賴耶識為主體存在；「無色界」的四空天（空無邊處天、識無邊處天、無所有處天、非想非非想處天）是以無異熟的第八阿賴耶識為主體存在。這裡「天」有多義，「或名晝，以晝長故；或名無愁惱，以常樂故；或名燈明，以無黑闇故」。

　　所以從能量物質的無明「原質」屬性角度來看，「無色界」是低能量、微物質性，具光明智覺多神通的，無有相續的色身，只有無異熟的第八阿賴耶識，故其「原人」是較少 $E_{1595819}$ 相連接的結合體；「色界」是中能量、少物質性，具光明智覺有神通的，故其「原人」是依四禪天的不同而有不同程度 $E_{1595819}$ 相連接的結合體，如第四禪天只有一個有異熟的第八阿賴耶識，第三禪天有七、八兩識，第二禪天有六、七、八三識，初禪天有一根識和六、七、八識共四識，所以**色界禪天是單根識對單塵的心一境性相續不變的存在**；「欲界」是高能量、厚重物質性，困於無明暗智，少或無神通的。所以，**欲界是多根識對多塵境，霎那變換的散心位，利用名相建立的虛妄法身，而有虛幻的相續存在**。由此可知，三界的有情識的 $E_{1595819}$ 相連接的結合體的結合構造應該不同。

　　依《阿含經》及唯識學，「無色界」的特色：無身形器界，唯有四蘊（受想行識）心心所法而已。「色界」的特色：（一）有妙色身，故名色界。（二）初禪天有王臣之異，二禪以上無王臣，因為二禪以上無言語法，故不立

王。（三）初禪、二禪、三禪皆依雲住（只是雲由濃變淡，因為有我相「執法為我」的法執），到四禪才真正空居，雲氣亦無（已無法執）。「欲界」的特性：（一）有三欲：飲食、睡眠、情愛，故名欲界。（二）由修習上品十善，升四王天、忉利天。（三）若修十善，坐未到定，乃生上四層空居天（夜摩、兜率、化樂、他化自在天），由禪定力，故不依地；無定力者，不得空居。（四）四王、忉利有忿怒相，以上皆善相。（五）欲界六天皆有男女之別。（六）有王臣之別。

《奧義書》說梵的幻力（有業力的覺識能依真如法緣起法相），稱作摩耶。應知原質，即世界受造的質料，就是摩耶，即是「有相之梵」（即真如法）。摩耶有三種德行（指與有情識並起的心所法）：薩埵（喜德：使心光明、輕快與歡喜）、羅闍（憂德：使心活耀、散亂與躁動）和答摩（暗德：使心遲鈍、無力與昏暗）。這裡摩耶的三種德行，是指「欲界」的六道眾生有情識，即因欲界有情識是以五根識執取五塵原質為根身，而有因**根塵相接**（即有情識的 $E_{1595819}$ 結合體與原質的 $E_{1595819}$ 結合體之間的能量共

振——力的交互作用）而有摩耶三德的變化。天道的德行偏薩埵（喜德），人、阿修羅道偏羅闍（慢德），畜生、惡鬼、地獄道偏答摩（暗德）。無色界與色界的初禪天以上成就是斷外五塵，所以不受五根識執取五塵時，因根塵相接而有摩耶三種德行的變化。

《統一物理學》理論發現了構成所有元素的核子（質子、中子）中，決定核子內部、外部屬性的兩大因素：①封閉的 6 維空間空間單元質數集合 $E_{1595819}$ 成能量體；②以能量級數序列 $\sum\limits_{n=1}^{\infty} \dfrac{E_p}{3^{4n}}$ 傳遞「能量包」。這兩大因素不僅僅決定原子參與引力、原子的穩定程度（衰變、裂變、聚變）、元素構成物質的超導性、硬性等物質屬性密切相關。（page 96）從統一物理學觀點看，這兩大因素決定著該元素的一切屬性。從《奧義書》等瑜伽經驗看，這兩大因素的參與**有情識與無情法之間萬有引力的共振作用，使得有情識的 $E_{1595819}$ 結合體結構改變**，將是摩耶幻力（業力）的源頭，也是執取根塵會導致業力輪迴的主因。最近，物理學家終於成功測量出一種長期以來都只存在於理論中的，

由光與物質所構成的分子。物理學家桑萊特納博士指出：
電磁場能夠影響原子周圍電荷的排列。原子以各種方式連
接形成分子，這些連接方式都包括電荷的交換，宛如一種
「超級膠」。有一些原子會共享帶負電的電子，形成相對
強的鍵結，最簡單的例子如氧氣由兩個連接的氧原子組成，
又如漂浮在太空中的複雜烴分子。而有一些原子則憑藉它
們整體電荷上的差異相互吸引。這些研究顯示在娑婆世界，
色界與無色界的眾生所處的禪天是可能的。

【5】
個體自我與無明業力

宇宙自我與三德連接，就稱之為個體自我。那時，它就有了執念促成自己去行各樣的事情，故也承受其行為的所有業果。其不同的形相與所承受的業果彼此匹配。這些形相由三德而出，或神靈，或男女，或蟲豸。故此，五氣之主人（個體自我）所擁有的生命形態，實由其行為決定。

（《白騾氏奧義書》〔五〕5.7）

「未顯現者超越於偉大之自我，宇宙之大我超越於未顯現者。沒有比宇宙之大我更高的事物了，它意味著所有成長的終點，這是人可抵達的終極歸宿。」

（《卡塔奧義書》〔三〕1.3.11）

「它細微如拇指，卻龐大若宇宙。作為萬物最本質的存在，它居住在萬物的心中。它是知識的根源，它藉著起伏不定的心念顯現自己，惟其內心潔淨，才能做出正確決定。誰領會這一點，誰就臻入不朽之域。」

（《白騾氏奧義書》〔五〕3.13）

《統一物理學》推導發現強作用力產生於夸克（$E_{1595819}$）的能量，而電磁力、萬有引力也是產生於強力，因此也可以說電磁力也是產生於夸克。此即：空間單元的質數集合體（$E_{1595819}$）的能量也同樣主導著原子和原子之間的外部空間相互作用，而這點可以從以下統一的力公式（$F_{空間單元理論-2.725K} = hc / 2\pi R^2 X$〔參與作用的動量／自身能量動量〕^{參與交換的維數}）中完全體現出來。（page 172）作者發現所有元素中（除氫元素外），氧元素原子核能量最接近夸克能量的整數（6350.0048）倍，使氧原子和夸克能量有很好的共鳴諧振。（page 96）這一現象直接導致氧原子核外電子，具有更強烈的、統一的與夸克能量諧振的能量。這一諧振能量充分體現在圍繞原子核運動的電子群體的運動上，使得氧元素構成的氧化物可以在高溫下，依然是支持超導現象的唯一物質。

作者發現將一個元素的原子核能量（不包含外圍電子），除以夸克（$E_{1595819}$）的能量，作為衡量該原子核對內部穩定性及外部空間能量的體現程度，稱為「原子空間能量特異性係數 O」。（page 97）由於夸克（$E_{1595819}$）的能量作用不僅限於原子核內部的構成與穩定，同時也直接決定著原子外部的空間能量，而這一外部空間能量直接導致電磁力與萬有引力的產生。因此元素的 O 值直接反映出該元素原子的外部結合屬性，其中 O 值最接近於 1 的，也就是其原子核總能量恰恰是夸克能量的整數倍時，是可以提供最大可能核子空間能量的元素。如氫的 O 值是 1，氧的 O 值是 1.0048，碳的 O 值是 1.0185，因而這三種元素構成的體系都有很好的核子空間能量提供，並構成生命物質的基礎，比如水、醣分子、脂肪、胺基酸、DNA 等。同時可以發現 O 值很大的元素，如鈹（25.1035）和砷（23.8986），因這些元素有很大的傾向，需求外部空間能量來形成穩定的能量體系—即達到內部核能量為夸克能量的整數倍，因而這些元素及其化合物都是自然界的劇毒物。

從這空間單元理論知道：電磁力、萬有引力也同樣和

空間單元質數集合體（$E_{1595819}$）——夸克能量保持絕對一致，因而原子空間能量特異性係數也同樣反映出該元素原子和夸克能量的共鳴或協調性。元素的 O 值愈接近 1 的，就和引力的效應愈強烈。但如果原子核內部的總能量不再是空間單元質數集合體（$E_{1595819}$）的整數倍，就使得原子的能量級數序列不穩定，因此容易引發原子核的分裂——裂變，或從外部空間獲取能量而有聚變。如此原子核空間能量受影響，也影響到該原子和其他原子的結合程度與能量交換。根據這種性質，作者提出原子核能量特異性係數 Ω，來表示該原子核能量的穩定度。（page 98）元素的 Ω 值愈大，表示該元素的原子不穩定，容易發生核聚變或裂變，但也表示該原子有可利用的核能量價值，如鈾 Ω = 3.03859、氚 Ω = 1.9895、氘 Ω = 12.59447、氧 Ω = 1.0010、氫 Ω = 1.0000。O 值和 Ω 值大於 4 以上的元素，其原子核在合成後的總能量能量級數序列不平衡，因而顯出某種程度的不穩定。O 值愈大的元素，表示其有很大的獲取更多相鄰原子的核子空間量欲望，易造成其他元素原子空間能量的不穩定。Ω 值大的元素，表示其核反應愈強烈。

依波耳的理論：氫原子的核外電子在軌道上運行時具有一定的、不變的能量，不會釋放能量，這種狀態被稱為定態。電子吸收光子就會躍遷到能量較高的激發態，反過來，激發態的電子會放出光子，返回基態或能量較低的激發態。所以電子軌道是量子化，能量是量子化的，能量最低的狀態叫基態，其他狀態叫做激發態。但從《統一物理學》觀點，核子體系是要求其內外粒子都運轉在其空間能量軌道上的，而且所有空間都是充滿有能量的空間單元。核子附近的空間基本單元能量，既受到核子能量的影響，也要受背景環境溫度輻射影響，也就是說電子軌道是受質子能量影響的。因為質子和夸克都是 9 維空間屬性，因此導致電子的圍繞軌道運動與特殊的電磁波動。因此本書作者提出下列假設：（page 111）

假設 9：在空間背景溫度 2.725 K 條件下，氫原子的電子軌道半徑仍然是質子康普頓波長 λ_p 及空間單元質數集合體 $E_{1595819}$ 能量波長的直接產物，是質子康普頓波長 λ_p 在核外空間的整數倍的延伸。氫原子電子的軌道能量也直接取決於質子能量，以及質子的空間能量，並符合空間基本單元理論的能量空間分布原理。

　　所以依照空間單元理論，氫原子（質子能量）的體系中，核內外能量是統一的。在第一軌道上運轉的電子是永遠也不會被質子上的正電荷所吸引，而落入質子內核上。這一點也正說明了此理論所推導的，電子也是質子能階能量的產物。而且電子的電荷依然應該是質子自旋能量的產物，這也解釋了為何每個質子要帶有一個正電荷，並且外圍還要有一個負電荷電子圍繞的普遍規律。此理論從 2.725 K 真空能量推導，這溫度能量不僅與電子、微中子、質子等各種粒子緊密相關，甚至延伸到原子的電子軌道及電子磁矩等物理量。**所以我們所面對的現實物理世界，就是一個以空間基本單元為主體的非「真空」世界（梵界）和一個由空間基本單元構成的原子、分子為主體的各種元素組成的物質世界的疊加。**（page 115）

　　依空間基本單元理論推導的質子空間能階是以 $E_{pn} = E_p / n^2$ 分布，$\lambda_{pn} = n^2 \lambda_p$。（page 110）這空間能階的分布關係，基本上是涵蓋整個宇宙的全部粒子（包括原子、分子、物質）的內部、外部相互關係。而這能量的**能階分布**影響**整個宇宙粒子的運作法則**，也正是業力、星相學、紫微斗

數等的理論源頭。所以電子的軌道運動不是獨立的物理現象，是與核子（質子—中子）內部的粒子構造是統一的核子空間能量分布原理導致統一的能量構成體系。所以從這個觀點來看，當空間基本單元受激後有自旋性，就會有慣性質量，也就會與所有宇宙中有慣性質量的物質發生相互作用的引力，巨大的如星系、黑洞、太陽、恆星，甚至小到周圍鄰近的粒子，如質子、中子等。也就是說，一個人胚胎誕生時，除了遺傳基因決定了他的物質性身體（及其 $E_{1595819}$ 空間單元結合體 6 維結構的有情識）結構，宇宙中的其他物質能量也影響著他的身體（及其有情識）的發展與運作。

前一章中提到眾多 $E_{1595819}$ **通過共享的結合體**（638327600 空間單元構成的穩定物質粒子 = 400 個 $E_{1595819}$ 結合體），其以激發態能量構成「原質」與「原人」，而且這「原質」與「原人」是一體的存在。三界眾生是由不同程度 $E_{1595819}$ 相連接的結合體構成其有情識，如欲界眾生的「人道」有八識，是多根識對多塵境，霎那變換的散心位，利用名相建立的虛妄身，而有虛幻的相續存在。「人

道」的八識中，「金胎」（是有異熟業種的第八阿賴耶識），是超越於理性的；「理性」（第七末那我執識），是超越於心意的；「心意」（第六意識），是超越於「五根識」（感官對象）的；「五根識」（感官的對象），是超越於五根（眼耳鼻舌身）感官的。而「原人」（真如白淨識，即純粹之自我〔阿特曼〕），是超越於偉大之自我──「金胎」的。此中「**原人**」（真如白淨識）的 $E_{1595819}$ 的單元結合體，都是未激發態的空間單元體的結合，無自旋的能量顯現是純然的、無垢的、淨靜的鏡面。

「金胎」（是有異熟業種）的 $E_{1595819}$ 的單元結合體，因其 $E_{1595819}$ 的單元結合體呈現各種微弱激發態的能量而有自旋性（這即是**無明的業力種子**），其若遇上有相同能量態的物質（「**原質**」）會因引力的交互作用而有諧振，此時「金胎」中的這一種 $E_{1595819}$ 的單元結合體種子會因諧振轉變成該物質的 $E_{1595819}$ 的單元結合體的空間結構與自旋能量，也就是「金胎」6 維空間明鏡識性的顯現「**原質**」像。「**理性**」（第七末那我執識）的 $E_{1595819}$ 的單元結合體，是隨時與「金胎」中被激發的 $E_{1595819}$ 的單元結合體諧振的，

並產生「原質」是「我」的覺知（即物我一如、梵我一如），同時將這「原質」像的諧振運動傳給了「心意」（腦神經迴路構成的第六意識）。「心意」的 $E_{1595819}$ 的單元結合體被「理性」的諧振所激發後，會在其龐大的單元結合體結構中的某區域產生諧振，而改變這區域的單元結合體結構（這是名相記憶分別的源頭）。「五根識」（感官的對象）是利用感官接觸外部所遇的物質（「原質」）能量振動，再將此振動同時傳給了「金胎」與「心意」。這樣「人道」八識複雜的 $E_{1595819}$ 的單元結合體，與身體內部肉體物質性的 $E_{1595819}$ 的單元結合體諧振形成「個體自我」運作著。

這八識腦神經迴路複雜的 $E_{1595819}$ 的單元結合體，就構成了「人道」的肉身「本有」，以及電磁波場的法身「本有」，在人死後以「中有」法身飄盪於真空的「空間單元能量海」（梵或稱佛性）。當遇到有人胚胎的誕生，因胚胎肉體物質性的 $E_{1595819}$ 的單元結合體能量振動與「中有」法身的八識的 $E_{1595819}$ 的單元結合體發生諧振，此時即是輪迴投胎的時節。而這「中有」法身八識的 $E_{1595819}$ 的單元結合體投生的位置，即是《奧義書》所說，是細如拇指（從物質面看，可能指人的腦解剖位置——橋腦、中腦與延腦

的生命中樞；從非物質面看，《顯揚聖教論》說：「有情命終後。或者有中陰〔即中有〕，就是將出生有色界的。或者沒有中陰，就是將出生無色界的。」）。這胚胎肉體物質性的 $E_{1595819}$ 的單元結合體，是由遺傳基因的 DNA 決定其基本結構。胚胎肉體神經迴路中所建構的第八阿賴耶識與第七末那我執識的 $E_{1595819}$ 的單元結合體（這是一切「眾生皆具如來智慧德相」的意義），誕生時是受外部環境物質性的能量所影響；第六意識的 $E_{1595819}$ 的單元結合體，則會因成長與環境的接觸而變動著；五根識因與外部環境從誕生當下就接觸著，故誕生時的宇宙能量會影響其結構與運作。這也是星象學、風水學、紫微斗數等的理論可以預測部分人在世間的運作的原因。

【6】

業力與輪迴

梵是通過心念之力將自己顯現出來。起初，創造的種子活躍起來；從這種子裡就誕生了布魯納，然後，從布魯納生出末那（意即宇宙心靈）。接下來，生出了諸元素，再就出現了諸世界。諸世界是因著諸業而來。只要有諸業，則必會有諸多業果。所以，諸多業果就以這種方式無窮無盡地展開，再無終結。

（《禿頂奧義書》〔一〕1.1.8）

有兩隻鳥，密切相關，十分相像，它們立在同一棵樹上（指個體自我與宇宙自我同居一個身體之內）。一隻鳥吃著成熟的果子（指個體自我的受業報）；然而，另外一隻則沒有任何果實。它僅僅像一個旁觀者在目擊（指宇宙自我之無為）。

（《白騾氏奧義書》〔四〕4.6）

　　「電」是在公元前 585 年希臘的哲學家塞利斯，因發現琥珀可以吸引小物體，所以「電」這詞是從希臘文的琥珀演變而來。1785 年庫倫由實驗提出庫倫定律，$F_{e-e} = q_1q_2 / 4\pi\varepsilon_0R^2$。尤其重要的是，庫倫強調：庫倫定律是用於真空，可能他知道非真空的分子之間的熱運動對電子的位能及其相互作用力會有影響。然而由空間單元理論推導，電子其實是質子能量的產物。2.725 K 的能量態下，氫原子的質子空間能量，即是推動其核外電子的能量。而從質子的組成夸克（$E_{1595819}$）的空間結構知道，這一能量是源於 10 維度（9 維加上時間維度）的，是存在於 10 維度空間內部的質子能量對外度 10 維空間的作用，而形成質子外部的空間能量。所以庫倫定律的作用，也可以看成是質子空間能量體系的體現。也就是說，電的相互作用力是由質子空間能量主導的。（page 122）

　　作者發現空間單元理論推導的兩電子間作用力，與庫倫定律之間有 $g_{e-2.725\ K}$ 的互換因子，表示電子之間的相互作用不僅僅是電荷的相吸或相斥關係，還有更高階的螺旋方式相互作用關係。亦即是說，作者認為電子間的相互作

用，應該是其**角能量**之間的相互作用關係。根據電學理論與空間單元理論推導的差異，因此本書作者提出下列假設：
（page 126）

假設 10：電子的電荷與電荷之間的相互作用力的特性，仍然是質子能量的延伸。在不引用電荷庫倫、介電常數 ε_0，以及在 2.725 K 下，電子之間的相互作用力，仍然可以用質子與電子的質量關係來表示。

所以傳統意義上的**電場**，也同樣是質子內部的空間能量在外部空間的延伸。空間單元理論從電子的質量、能量與相互作用力的精確推導，可以凸顯出物質的統一性與力的統一性。

前面提到氫原子第一軌道的電子繞行質子，這質子—電子對不會發生像正—負電子對相遇相吸而碰撞，原因是：電子是質子空間能量的產物，質子分布於質子周圍空間的空間能量，維持著其外部電子的永恆運動。而這一現象也可以從空間單元理論的 2.725 K 能量態來推導，質子與電子在第一軌道的能量分布密切相關且完全相等而證實。質子是由 638327600 個有自旋能量的單元構成，$E_{p-m0-自旋} =$

1.469891 eV。無論質子或電子其內稟自旋的能量都占其總能量的 12.12% ～ 12.25%，也就是無自旋的 E_{p-m0} = 1.30948 eV。在經典物理及量子力學中，電子圍繞質子運動時，是以電子和質子之間交換虛光子進行。而有這種無自旋性的質子態能量空間單元的存在，使得核子能量的空間傳遞不再是用空間響應或場的概念，而是由實在的空間物質（空間基本單元）來承擔質子—電子之間能量的傳遞工作。空間基本單元是以光速作為質子—電子間能量交換媒介。（page 148）

電子是由空間基本單元構成，而且在很高的空間能量密度下，電子可以由空間產生，尤其是可以產生於核子能量空間。即在核子能量空間中，以電子波長為軌道周長的平面軌道總能量就是電子的總能量。電子每運動一個電子能量波長（λ_e）的長度時，完成 2π 次能量交換，進而完成一個完整的能量交換週期。當電子在第一軌道上圍繞質子運動一周，質子—電子之間完成 137 次完整的電子能量交換。而這 137 = 1 / α，此 α 即是所謂的精細結構常數。（page 153）所以電子是由 638327600 = (2π / α)³ 個激發電子態（即

具有電子內稟自旋能量）的空間單元所組成。電子和質子都是 10 維的空間屬性，可視為一個 1836 倍的能量體系（質子）的 10 維空間對另外一個 10 維空間量體系（電子）的作用。

電子圍繞原子核運動時的軌跡，常被稱為「電子雲」。「電子雲」也是一對粒子，並具有濤粒子、緲粒子等相同的能量構造。（page 158）這「電子雲」現象是因電子圍繞質子運動，最終是要完成一個完整的覆蓋以波耳半徑為球半徑的球面軌跡。由此推導，可以發現「電子雲」是由一對正—負粒子屬性所構成。這種電子軌跡擁有兩種能量極性相反的的自旋（上—下自旋），正是由質子內部能量構造決定。這是由於質子內部電子有上—下自旋兩種極性相反的能量的影響。此也決定了原子的二極性，及由原子構成的宇宙世界是以二元方式演變進化的（page 157）。所以可以知道質子內部能量構造所決定的外部空間能量，成為原子構成分子的基礎。從質子內部空間能量的分布看，質子在任何一個方向上的能量體系都是配對的二極性，正—負極性或左—右旋成對出現。也可以理解為：核空間能量

也同正弦波一樣有正一負極性，所以電子在質子空間能量的軌道運動時，會發生上旋一下旋的**翻轉**。

由於質子能量的二極性特質，能量最穩定的模式就是：兩個質子支持的空間能量結合在一起。此時兩個質子體現在電子上的上一下自旋能量會互相結合，而成為兩個不需要**翻轉**的電子。此即是原子通過空間能量（**外夸克**）共享相互結合成為分子。此模式也正是原子核中的質子一中子也是通過共享夸克結合成原子的，質子內部的一個夸克能量為：$E_{1595819} = E_p / 400 = E_p / (20)^2$，質子外部的空間能量（外夸克）為：$E_{空間能量} = E_p / (200)^2$。所以，核子（質子一中子）之間通過共享夸克能量形成**元素**，而元素原子之間通過共享核子外部夸克能量形成**分子**。在多核子（質子一中子）的元素其外圍電子的交換能量的數目也增加，但因質子內部能量對總空間能量的支持有極限，可支持的外圍電子是少於 84 個。所以原子序 83 的鉍（Bi）是一個臨界穩定元素，原子序大於 83 的元素都是不穩定的放射性元素。（page 160）

1820 年丹麥厄司特發現：通電流的導線會使附近的磁

針發生偏轉。同年安培發表了兩根通電流導線之間的相互作用力，即**安培定律**。磁力被認為是由電荷運動所產生的基本力。由空間基本單元理論知道，因 6 維微小尺度彎曲的封閉空間效應，電子的結構就是「光速運動的能量波」，以自己的能量波長 λ_e 為軌道的圓球（其圓周半徑為 λ_e / 2π）。依此理論，當兩個電子的運動速度達到光速時，兩個之間電子的磁相互作用力與兩個電子之間的電相互作用力是等效的；也就是說：磁就是電。所以靜止的電子體現出所謂的「電」性能，而當電子以普通速度在空間中運動就形成所謂的「磁」；但當電子的在空間中的運動速度達到光速時，這所謂的「磁」就變成了「電」。這即是經典物理 Maxwell 方程式的電和磁相互等效和轉換的理論基礎。

因此本書作者提出下列假設：（page 164）

假設 11：運動電子之間的相互作用力（磁力）的特性，仍然是質子能量的延伸。在不引用電流與真空磁導率常數概念，以及在 2.725 K 溫度的情況下，運動電子之間的相互作用力仍然可以用質子和電子的質量關係式來表示，並與電子之間的相互作用力（電力）也擁有共同形式的表達方

58

式。同電場一樣，磁場的物質基礎也同樣是空間基本單元。

　　而且從電和磁的作用力公式推導發現，當氫原子的第一軌道電子速度 v_{H1} 為光速時，對應著的是核強作用力。因此作者提出下列假設：

　　假設 12：如果空間是由統一的一種物質——空間基本單元構成的話，那麼存在於空間的物質間相互作用力從根本上就是一種統一形式的力。（page 171）

　　如核子（質子、中子）內部的核力——強力的公式表達：$F_{p-p-空間單元理論-2.725\ K} = hc / 2\pi R^2$，$F_{n-n-空間單元理論-2.725\ K} = hc / 2\pi R^2$。值得注意的是電相互作用力是 1 維的，而磁相互作用力是在電相互作用力延伸下的 2 維相互作用力。依此的推導，物質間（原子之間）的長程力——**萬有引力**，也應該是由空間基本單元所媒介，也是在電相互作用延伸下的 3 維相互作用力。因此作者提出新的假設：

　　假設 13：（page 173）

　　①依假設 5：空間單元的半徑（或者說空間單元受激發後可構成的最初級的穩定體佔據空間的半徑）接近（受能量態影響，空間單元體積會有變化）或與

經典電子半徑相同。（即空間單元體受激後處於電子能量態下，$r_0 = r_e = 2.8179 \times 10^{-15}$ m）。同時質子或中子的核半徑為 1.2×10^{-15} m。因此同等尺度下，質子、中子在任何一個方向上只能同時與一個空間基本單元相互作用。

②空間基本單元的能量為 $m_0 c^2$，運動速度為光速，故動量 $m_0 c$ 是不變的。因此空間基本單元作為核子（質子或中子）與核子相互作用的媒介，在核子（質子或中子）與核子相互作用中交換的總動量恆為 $m_0 c$。同樣，空間基本單元之間的能量傳遞也是以光速進行。並引發引力是以光速傳播。

③由於核子（質子或中子）與核子及空間基本單元能量與動量，$m_p c$、$m_n c$、$m_0 c$ 均是各向同性的。

④核子（質子—質子、質子—中子、中子—質子、中子—中子）間的長程相互作用中，同空間基本單元的動量交換是 3 維的。

⑤參照強力、電力、磁力公式，可以得到統一力的形式，空間基本單元理論提出萬有引力的公式。例如

2.725 K 下，2 個氫原子之間的相互作用力為：

$$F_{G-空間單元理論-2.725K} = 2\left(\frac{hc}{2\pi R^2}\right)\left(\frac{m_0}{m_p + m_e}\right)^3$$

由這些理論推導與假設可以知道，空間基本單元論揭示物質間統一的相互作用力。空間基本單元論由 2.725 K 下的空間基本單元，可以推導出各種基本粒子如夸克、緲子、質子、中子等的質量與結構。而這些基本粒子是構成分子、聚合物、物體、山、河、星球、星系，甚至黑洞等。尤其是黑洞，所有的物質形態都將在黑洞中分解還原為空間基本單元，故黑洞可以理解為高能量密度的「真空」。所以空間基本單元論也揭示宇宙物質統一的物質基礎。（page 194）

依《統一物理學》結合《奧義書》的觀點來看，眾多 $E_{1595819}$ 通過共享的結合體其以激發態能量運轉的是「原質」（一切無情法、物質的源頭），而此眾多的 $E_{1595819}$ 相連接的 6 維封閉空間的結合體是「原人」（一切有情識、心靈、精神的源頭），而且這「原質」與「原人」是一體的存在。《統一物理學》理論發現核子（質子、中子）中的兩大因素：①能量體是空間單元質數集合 $E_{1595819}$；②以能量級數序列

$$\sum_{n=1}^{\infty} \frac{E_p}{3^{4n}}$$ 非連續的「能量包」方式傳遞能量。從統一物理學觀點看，這兩大因素決定了所有的物質與相互作用力的統一形式。從《奧義書》的觀點來看，這兩大因素的參與有情識（「原人」）與無情法（「原質」）之間諧振作用，使得有情識的 $E_{1595819}$ 結合體能量結構改變，將是摩耶幻力的源頭，也是執取根塵會導致業力輪迴的主因。

《奧義書》說梵的幻力，稱作摩耶，即是「有相之梵」。摩耶有三種德行：薩埵（喜德）、羅闍（憂德）和答摩（暗德）。這裡摩耶的三種德行，是指「欲界」的六道眾生有情識因**根塵相接**（即有情識的 $E_{1595819}$ 結合體與原質的 $E_{1595819}$ 結合體之間的能量共振——力的交互作用）的摩耶三德變化。欲界眾生的「人道」有八識：「**金胎**」（是有異熟業種的第八阿賴耶識）、「**理性**」（第七末那我執識）、「**心意**」（第六意識）、「**五根識**」（感官的對象），是多根識對多塵境，霎那變換的散心位，利用名相建立的虛妄身，而有虛幻的相續存在。「**原人**」（真如白淨識）的 $E_{1595819}$ 的單元結合體，都是未激發態的空間單元體的結合，無自旋的能量顯現是純然的、無垢的、淨靜的鏡面。

「金胎」（是有異熟業種）的 $E_{1595819}$ 的單元結合體，因其 $E_{1595819}$ 的單元結合體呈現各種微弱激發態的能量而有自旋性（這即是**無明的業力種子**），其若遇上有相同能量態的物質會因引力的交互作用而有諧振，此時「金胎」中的這一種 $E_{1595819}$ 的單元結合體種子會因諧振轉變成該物質的 $E_{1595819}$ 的單元結合體的空間結構與自旋能量。這是業識因遇緣而有異熟果的運作機轉。

生命體最基本的單元——去氧核醣核酸（DNA），在一般物種的 DNA 是由核苷酸重複排列組成的長鏈聚合物，尺度則約 3 Å ～ 100 Å。而人類的 DNA 是寬度約 22 到 24 埃（2.2 到 2.4 奈米），每一個核苷酸單位則大約長 3.3 埃（0.33 奈米）。在整個去氧核醣核酸聚合物中，可能含有數百萬個相連的核苷酸。例如人類細胞中最大的 1 號染色體中，就有 2 億 2 千萬個鹼基對；所以 23 對的染色體就有將近 40 億個鹼基對。通常在生物體內，去氧核醣核酸並非單一分子，而是形成兩條互相配對並緊密結合，且如藤蔓般地纏繞成雙螺旋結構的分子。

從《統一物理學》理論來看（page 261），DNA 在細

胞活著的狀態是依靠分子之間的熱運動運作。但當細胞死亡後，宇宙的空間溫度只有 2.725 K。此時氫原子一個單質子的原子，可以提供其外圍的電子等效於 244 K 的動能能量。同時有更強大核子空間能量的氧原子，可以提供 6 個外圍電子的運動。這一引發超導現象的核子空間能量，在維持 DNA 電磁波的存在起暫時的能量供應作用。建基於氫氧體系的 DNA，可以在擁有共同核子空間能量體系下的氫氧元素，應用其共同的能量相互作用，形成穩定的物理體系──雙螺旋結構的分子。並且還擁有統一性的運動屬性，進而幫助 DNA 電磁體系維持有限的活動形式。這種有限的活動形式，足以支持 DNA 電磁波的空間能量體在毫無生氣的宇宙 2.725 K 下的存在。生物以腦幹組織為中心的神經迴路電磁波，於生命死後或可形成「**中陰身**」的能量體。

依《阿含經》及唯識學，「欲界」的特性：（一）有三欲：飲食、睡眠、情愛，故名欲界。（二）由修習上品十善，升四王天、忉利天。（三）若修十善，坐未到定，乃生上四層空居天（夜摩、兜率、化樂、他化自在天），由禪定力，故不依地；無定力者，不得空居。（四）四王、忉利有惡

怒相，以上皆善相。（五）欲界六天皆有男女之別。（六）有王臣之別。所以欲界有情八識的 $E_{1595819}$ 的單元結合體，所體現的三德變化與十善業、十惡業有關。所謂十善業是：不殺生、不偷盜、不邪淫、不妄語、不綺語、不惡口、不兩舌、不貪慾、不嗔恚、不愚痴；十惡業是：殺生、偷盜、邪淫、妄語、綺語、惡口、兩舌、貪慾、嗔恚、愚痴。（這裡將業行簡化為十善業、十惡業是配合簡約的《奧義書》摩耶三德，如果詳論則有唯識學的心王、心所的百法業行差異。）

　　這十善業行是戒除身體的六根感官去接觸六塵，那麼「金胎」中的 $E_{1595819}$ 的單元結合體業因種子就不會因諧振轉變成該物質的 $E_{1595819}$ 的單元結合體的空間結構與自旋能量（業果）。也就是說，十**善業行**（白法）使欲界有情的八識 $E_{1595819}$ 的單元結合體自旋性趨小，能量趨向較低、少物質性；如此「**金胎**」（是有異熟業種的第八阿賴耶識）的 $E_{1595819}$ 的單元結合體就愈趨向於「**原人**」（是無異熟業種的白淨識）（這即是**七佛偈**所說：「諸惡莫作，眾善奉行；自淨其意，是諸佛教」）。相反的，十**惡業行**（黑法）

使欲界有情的八識 $E_{1595819}$ 的單元結合體自旋性趨強，能量趨向較高、多物質性。也就是說，十**善業行**使欲界有情「中有」身的 $E_{1595819}$ 的單元結合體自旋能量趨向較低、較輕，趨向於天道有情識的德行——薩埵（喜德，偏瞋性）；十**惡業行**使欲界有情「中有」身的 $E_{1595819}$ 的單元結合體自旋能量趨向較高、較重，趨向於畜生、惡鬼、地獄道有情識的德行——答摩（暗德，偏癡性）；若行**善惡雜行**使欲界有情「中有」身的 $E_{1595819}$ 的單元結合體自旋能量適中，趨向於人、阿修羅道有情識的德行——羅闍（憂德，偏貪性）。「**中有**」身的 $E_{1595819}$ 的單元結合體電磁波，在欲界有情死後飄盪於真空的「**空間單元能量海**」（**梵**或稱**佛性**）。當遇到有欲界有情胚胎的誕生，因胚胎肉體物質性的 $E_{1595819}$ 的單元結合體自旋能量振動與「中有」身的八識的 $E_{1595819}$ 的單元結合體發生諧振，此時即是**輪迴投胎**的時節。

（這裡身口意業行引起的八識 $E_{1595819}$ 的單元結合體影響，簡化只討論自旋能量振動。其實，從理論的角度看能量的增加影響因子除了自旋頻率 ν，還有波長〔即空間單元

體的體積，此會影響能量密度〕、環境溫度〔此會影響能量輻射〕，即 $E = h\nu = hc / \lambda = hc / 2\pi R$。也就是說空間單元體本身對能量的運轉，仍可透過五大地水火風空的運作轉變。〕

【7】
涅槃與永恆

當你親證了你與宇宙自我的一體性，你便從因無明而來的種種鐐銬中解脫，從此不再受制於生死輪迴。但是，假如你持續冥想宇宙自我，死後便抵入第三個狀態，即天神的席位——換言之，你與大自在天合為一體，你會獲得你想要的一切，你將全然滿足。然後，你臻達解脫。（就這樣，一步又一步，你會抵達最終的目標。）

（《白騾氏奧義書》〔一〕1.11）

「那些幼稚的人總在追逐著外界的事物，他們也總是要落入死亡張開的巨大羅網。而有智慧的人則不然，他們知道真正的永恆在哪裡。這也正是他們為何會拒絕塵俗的一切之緣由。因為他們深知其短暫意識的本性。」

（《卡塔奧義書》〔四〕2.1.2）

　　從《統一物理學》理論來看，宇宙萬物的構成、運動和相互作用，存在著統一的性質和結果，這也必存在主宰這些運作的**統一物理法則**。作者在經典物理中發現一個物理量，其不僅僅是一個反應空間屬性的恆定常數，而且對所有粒子包括各種波動（如光波、電磁波等）都有統一的物理形式。這個恆定常數是 hc（即普朗克常數與光速之乘積），作者稱之為「**角能量**」。（page 200）因為在經典物理中，粒子的動量 mv 乘上距離物理量（波長 λ 或半徑 r 等，即 mvλ = h 或 mvr = h / 2π），稱之為角動量。若等式兩邊再乘以光速 c 則就具有能量的意義，即 mvcλ = hc 或 mvcr = hc / 2π。當運動速度的 v = c 時，$mc^2\lambda = hc$ 或 $mc^2 2\pi r = hc$，此式表示有能量和角度的概念，即運動是一種類似圓周的往復式空間運動。故 hc 稱之為「**角能量**」。而這一常數只反映空間的屬性（或空間基本單元屬性），當空間背景溫度改變（如從 2.725 K 上升至 300 K）時，hc 會有變化。

　　當代物理告訴我們一個事實：任何粒子、任何光波、無線電波其能量和康普頓波長都遵循此物理規則，即 Eλ = hc，宇宙中無論多大能量的粒子或波動，其能量和能量波

長（即康普頓波長）的積都是一個常數。因此能量守恆、動量守恆都在角能量守恆的範疇內。角能量概念的出現使得宇宙物理學法則在物質統一的基礎上，又出現了物質運動變化規律的統一性。在《統一物理學》理論中，角能量 hc 就是統一的力（切確的說是統一的相互作用形式）。所以空間單元理論提出統一的物質基礎——空間基本單元 m_0，以及統一的運動法則——角能量 hc，構成了整個宇宙的物理學法則。粒子的能量之所以在封閉空間會形成一個完整的圓周運動，不停得往復運動，是取決於其能量波的**動能—位能的相互轉換**。

從公式 $E = hf = hc / \lambda = hc / 2\pi R$ 知道能量與半徑距離是有反比關係，由此作者提出「**角能量密度，J**」概念（page 201），也就是角能量在以粒子核心為中心、半徑為 R 的球空間等距離球面積上的強度分布，$J_{核子內部} = E / \lambda = E / 2R = hc / 4\pi R^2$。由於相互作用力的公式 $F_{p-p} = hc / 2\pi R^2$，故 $F_{p-p} = 2J$，表示粒子間通過空間的相互作用力，即是各自空間角能量密度之和。這種角能量的關係，是指粒子（或波動）自身的內部 6 維空間（即封閉的圓，粒子的能量密度球體，

是以其康普頓波長〔λ〕為半徑的球型空間）的能量運動關係。所以宇宙間的任何一個能量波動，都可以用一個空間角能量密度圓與其對應的直徑乘積來表示 $E = hc / \lambda = JD$（其中 $D = 2R$），而這半徑 R 可以對應著無限大或無線小的圓半徑（這即是摩耶幻力、業力之源頭）。這種核空間角能量的概念，是指空間基本單元構成的真實空間，而空間角能量密度將改變空間能量形態。因此看來，現實中的空間對應的是我們所謂的可以被彎曲的空間──黎曼空間。

雖然所有粒子的能量運動關係符合 $E\lambda = hc$，但在粒子外部（即距離粒子核心大於 λ 時）的空間角能量，因是粒子對 3 維空間的輻射（用於參與物質間相互作用），故不同於內部的空間角能量 hc。因為一個粒子康普頓波長（λ）的圓周是由 137 個激發態的空間單元體波長（$r_0 = r_{粒子}$）所圍成，即 $\lambda_{粒子} = 137 r_0 = (1 / \alpha) r_0$（這 $\alpha = 1 / 137$ 即是精細結構常數）。所以，等效的外部空間角能量是 αhc，即外圍空間單元體的能量傳遞輻射，都是依著粒子圓周上的激發態空間單元體能量。由於這粒子外部分的角能量是存在於粒子與粒子之間，並主導著物質間的通過空間的相互作

用法則，故稱之為「**空間角能量**」（page 201），即核外部空間角能量密度 $J_{核子外部} = \alpha hc / 4\pi R^2$。萬有引力就是這彎曲空間的展現。對於 A、B 兩粒子間的作用力，$F_{A-B} = J_A + J_B = 2J = \alpha hc / 2\pi R^2$，即物質間空間角能量密度的疊加形成相互作用力。

角能量是空間基本單元屬性，故其能量傳遞是光速。外部空間能量的耦合，也將影響著內部空間能量的運動。從空間單元理論看，當一個粒子內部其完成了一個完整的角能量 hc 波動循環週期時，在外部空間就形成 $1/\alpha$ 個空間角能量 αhc，而這個 $1/\alpha$ 個空間角能量 αhc 又同時耦合形成一個內部的角能量 hc。當然這樣的循環耦合需要在穩定粒子之間（如質子—中子、質子—電子），透過空間基本單元的光速能量傳遞。由於宇宙的物質都是以原子／分子為單元構成，萬有引力根本上就是這些物質集團之間的長程相互作用力。對於核子內部是核力的範疇，其角能量均為 hc，但核力力程僅限於核子內部。核子外部都有帶電荷電子，電荷就是核子在外部空間的角能量體現。在空間中的波動裡，是以電能—磁能的相互轉換來體現。

　　現代物理中，對於像光子、電子、各種夸克這樣的無法分割的基本粒子，其粒子的自旋性認為是內稟性質。例如傳遞電磁作用力的光子，自旋數為 1；傳遞萬有引力的光子，自旋數為 2；傳遞夸克間的強作用力的膠子，自旋數為 1；傳遞弱作用力的 W／Z 玻色子，自旋數為 1；電子自旋數為 1／2；夸克自旋數為 1／2；希格斯玻色子在基本粒子中比較特殊，它的自旋為 0。自旋為半奇數的粒子稱為費米子，遵循費米—狄拉克統計；自旋為 0 或整數的粒子稱為玻色子，遵循玻色—愛因斯坦統計。複合粒子的自旋是其內部各組成部分之間相對軌道角動量和各組成部分自旋的向量和，即按照量子力學中角動量相加法則求和。通常認為亞原子粒子與基本粒子一樣具有確定的自旋，例如質子是自旋為 1／2 的粒子，該自旋態由亞原子粒子內部自旋角動量和軌道角動量的結構決定。原子和分子的自旋是指原子或分子中未成對電子自旋的總和，未成對電子的自旋導致原子和分子具有順磁性。

　　量子力學中粒子的自旋是有方向性，具有自旋的粒子也具有磁偶極矩。從《統一物理學》理論來看：任何物質

都是由存在於空間的基本物質單元構成，所以任何相互關係（作用力）都是由構成空間的空間基本單元來傳遞的。而傳遞各種相互作用關係的空間基本單元的能量形態（自旋），卻是由參與相互作用關係的粒子角能量形態（自旋）決定。（page 226）所以空間基本單元由於所承載的能量形態不同，而具有不同的自旋（這可能就是**習氣種子**的源頭）。如空間基本單元在傳遞電磁作用力時，自旋數為1；在傳遞引力時自旋數為2。這些自旋數來源於參與相互作用的基本粒子（如電子、夸克、質子等基本粒子的自旋數為1／2），並且可以透過空間基本單元理論的推導出各種相互作用力中的空間基本單元的自旋數。例如兩獨立粒子（質子—電子）間的作用力公式中 $F_{A-B} = J_A + J_B = 2J$，即表示2個1／2自旋的粒子，在同一個空間單元上疊加，就使這空間單元有 $2X(1／2) = 1$ 的自旋。而萬有引力是核子—核子之間的作用力，核子的自旋是1（即質子—電子或質子—中子的兩個1／2自旋粒子的疊加），故疊加後的自旋為2。其實弱、強、電磁相互作用力都是擁有自旋為1／2的2個粒子之間的相互作用，故角能量相疊加後在空間基本單元

的總自旋就為 1。而萬有引力是由 4 個自旋為 1／2 的粒子之間的疊加作用，因而總的疊加自旋為 2。

　　從《統一物理學》理論推導來看，空間基本單元應該具備 10 維度（9 維度加上時間維度）才能滿足其所顯現的各種屬性。（page 229）空間單元在其微小尺度（10^{-15} m）下，3 個維度的每一個維度都被彎曲成 2 維封閉空間，故形成 3 個相互垂直的封閉子空間。即是說空間單元的內部是一個獨立的 6 維空間，如同一個球空間一樣；而單元外部又是一個大尺度的、平直的 3 維空間。其實如果從更大尺度來看，我們所處的 3 維空間仍是彎曲的 3 個相互垂直的封閉空間。對於 6 維空間的每一個封閉空間，都存在有正一反方向的 2 種運動，所以封閉的 6 維空間就有 64 種最基本的運動模式，也稱為總量子數。6 維空間結構的空間單元，其能量傳播是以角能量形式，於 3 維大尺度空間體現。角能量就是一種彎曲球面型態的能量傳播。空間單元傳播的光波形式，是一種特殊形式─電磁波，這是由空間單元所承載的「光子」，在 3 個維度矢量方向上同時產生交互變化（電場─磁場）的傳播。這是具有 6 維屬性的粒子，

在大尺度 3 維空間運動軌跡的特點。空間基本單元具有電子態能量時，由於能量在 6 維封閉空間運動，引發 3 個垂直方向（運動平面）的磁矩向量。這就形成了 3 個維度，這即是我們日常所謂的 3 維空間。

從空間基本單元理論知道，由於空間的構成是空間基本單元，而且其是 6 維結構，所以宇宙空間才會具有大尺度的 3 維結構，也會有更大尺度的 6 維空間如黑洞現象、時空彎曲。6 維空間的形成是因 1 維空間的彎曲，而這 1 維彎曲會有正—反對偶的運動矢量。因而 6 維空間中的能量波動，就必然因彎曲封閉而形成粒子性，因正—反向性而產生對偶粒子，如正電子—負電子、質子—反質子。所以粒子性的物質，是因為空間的彎曲使能量封閉於 2 維空間而有自旋性。如果只有 3 維，則能量應該是波動性而已，如光波、電波。在這 10^{-15} m 微小尺度空間，能量的運動模式是以互耦形式存在，即能量波長的頭和尾是相接的（即起點也是終點）。（page 233）這點類似駐波，進而保持永恆的相對靜止。這是 6 維空間屬性的基本粒子（如質子、電子）能量不是可被輕易釋放出來，而可以長久存在宇宙

空間的原因。3 維大尺度的空間具開放性，能量可以有無限的運動空間及變化形態，故保持不斷變化是能量運動的主要旋律。微小如基本粒子的運作，甚至巨大如宇宙星體的運行，都是這種 6 維結構的空間基本單元以不同維度方式體現出來的。

　　空間基本單元是有長度的，其能量波長可以因激發的能量不同，而有不同的波長（$E\lambda = hc$）。空間基本單元激發態的能量愈高，其波長愈短，例如電子的 $\lambda_e = 2.4263102389 \times 10^{-12}$ m、質子的 $\lambda_p = 1.32140985623 \times 10^{-15}$ m。6 維結構的空間基本單元運動狀態——能量傳遞狀態（如激發態的電子、質子的空間基本單元不同），恰恰是影響空間基本單元 6 維結構的唯一方法。從空間基本單元理論知道，基本單元的 6 維結構在構成基本粒子時，也是以 6 維結構的方式如質子中的夸克 $E_{1595819}$。夸克 $E_{1595819}$ 是唯一一種能承載全部四種相互作用力（弱力、強力、電磁力、萬有引力）的基本粒子，因此可以認為物質間的相互作用單元也是夸克。核子內部的夸克是緊密的被封閉在核子中間，故強作用力是夸克之間在 10 維空間內部直接接觸的相互作

用力。而電磁力、萬有引力不是粒子直接接觸之力，故須透過 10 維空間屬性的空間基本單元來做媒介。10 維空間結構是有一個時間維度的，因為空間單元的運動、空間和時間是緊密相關的。當空間的維度可以被彎曲時，也表示空間的維度可以被延伸和壓縮。這點從空間單元在不同激發態能量有不同的粒子（如電子、質子）半徑可知。因此對應於空間維度的伸縮性也就對應著時間維度，如此時間與光速的相對應其實就是空間的屬性——**空間能量態的標誌**。（因此由眾多 $E_{1595819}$ 結合體「即 638327600 空間單元構成的穩定物質粒子 = 400 個 $E_{1595819}$ 結合體」構成的有情八識也應具有這些屬性，而這些屬性也造就第八阿賴耶識有異熟的業種）。

中國的《周易》太極圖產生於 6 千年前，西方人在此理論的基礎上，創立了微積分、二進位制，乃至現代的電腦科技。《易經》是透過「三三」制的 6 爻卦象，推演出 64 卦來預測吉凶。《統一物理學》作者認為，《周易》八卦圖所擁有的 64 量子數，正是指向宇宙物質、心靈（存在有）的基礎——**空間基本單元（梵、佛性）**，是具有 6 維

結構的空間屬性。在《易經》的推演中可得到的信息，包括空間單元理論所推導的質子內部的結構、能量級數序列

$$\sum_{n=1}^{\infty} \frac{E_p}{3^{4n}}$$、量子數（64、66、137、861）等。（page 242）

從空間單元理論推導知道，這 64 量子數也正是因能量在封閉的 6 維空間運動的模式，能量的運動所產生的角能量和空間角能量是基本作用力的來源，而四大基本作用力是整個宇宙物質世界運作的動力與軌則，所以《易經》的古老智慧用陰陽兩儀及 64 卦象來推演事務的吉凶是有理論的基礎。

《統一物理學》理論提供了靈魂存在的 6 維空間性主體——**空間基本單元（梵、佛性）**，來建構 $E_{1595819}$ 結合體（夸克）的 6 維複合性結合空間，以及進一步由這些 $E_{1595819}$ 結合體組合成穩定的物質粒子（638327600 空間單元 = 400 個 $E_{1595819}$ 結合體）的有情識種籽。六道眾生依不同業力而集合這些有情識種籽發展出八識體，眾生再依有情八識當載體可以承載業力種籽——不同激發態能量的空間單元集合體。這 2.725 K 的空間單元能量海運轉，具備有六大地、水、火、風、空、識的所有特性，「原人」與「原質」因

此而誕生。能量海中的 638327600 空間單元穩定的 6 維物質體，其以激發態能量運轉的是「**原質**」（一切無情法、物質的源頭），而此 638327600 空間單元穩定的 6 維物質體相連接的複合性結合體是「**原人**」（一切有情識、心靈、精神的源頭），而且這「原質」與「原人」是一體的存在。胚胎肉體物質性的 638327600 空間單元穩定的 6 維物質體，是由遺傳基因的 DNA 決定其基本結構（如三十二相等福德業因）。胚胎物質中所建構的第八阿賴耶識體與第七末那我執識體的 638327600 空間單元穩定的 6 維物質體複合性結合體，誕生時是受外部環境物質性的能量所影響；第六意識體的 638327600 空間單元穩定的 6 維物質體複合性結合體，則會因成長與環境的接觸而變動著；五根識體因與外部環境從誕生當下就接觸著，故誕生時的宇宙能量會影響其結構與運作。所以胚胎肉體中，八識體物質性許多 638327600 空間單元穩定的 6 維複合性結合體能量狀態與誕生時的環境時辰，決定了所接受投胎的中有身福德業力的許多 638327600 空間單元穩定的 6 維物質體複合性結合體能量狀態。

　　人道有情第八識的許多 638327600 空間單元穩定的 6
維物質體複合性結合體的諧振是無法直接接觸到五根（眼
耳鼻舌身）所緣的外境，五根識的業行因受第六意識所主
導，常處於二元性的分別，而且是經由第六意識所建構的
名相、好惡分別所篩選，這也就是所作的**二元分別業行**會
成為異熟種子的主要原因。例如一生偏好鼻、舌兩根所涉
外塵的能量諧振（如畜生類），將使第八阿賴耶識體中這
種香、味的許多 638327600 空間單元穩定的 6 維物質體複
合性結合體的結構明顯，這就形成強烈的異熟種子，也將
決定中有身的投胎去處。所以業行與輪迴的運作，道理就
像是「**近朱者赤，近墨者黑**」，這也是古印度婆羅門的智
慧教誨：「如果你崇拜什麼，你就將與它合一，如火祭的
儀軌。」。如果人道有情的身口意業行不依著有分別的第
六意識，則第八識體的許多 638327600 空間單元穩定的 6
維物質體複合性結合體的諧振，是直接接觸到五根（眼耳
鼻舌身）所緣的外境，這即是**一元性的業行**，如此是「原
質」與「原人」的一體性存在（**我即是梵、性相一如**）。
這樣一體性存在的中有身將是無所謂的投胎，因為它與萬

物共諧振、與萬物共生滅，故無明顯的中有身。也就是說，能以一元性的業行，則有情識體將因一體性而融入空間單元能量海，這即是涅槃與永恆。

参考資料

- 姜放（2013）。《統一物理學》第六～九章。北京：中國財富出版社。2013 年 1 月第 1 刷。ISBN 978-7-5047-4422-7。

- 斯瓦米・洛克斯瓦南達（2015）。《印度生死書》。聞中譯。杭州：浙江大學出版社。2015 年 4 月第 3 刷。ISBN 978-7-308-12591-8。

第二篇

陰陽五行學說的起源

　　從前一篇文章中知道，應用《統一物理學》的空間單元理論，以空間單元為「梵」、「佛性」，可以推導出古老宗教智慧的宇宙創生，包括宇宙的真如是由六大法性（又名六界）所造，即：地、水、火、風、空、識，以及演化出的無情真如法的「原質」（是無知），和有情真如法的「原人」（金胎，是覺知）。在創造的當下，「原人」與「原質」是一體發生的，是「性相一如」的。金胎（純粹之識，即第六大的識性）是如潔淨的鏡子般，依著能量體「原質」呈現法相。換言之，空間單元能量海在誕生最微小的粒子物質時，就於金胎的明鏡中也產生粒子法相。從空間單元理論知道，當基本粒子形成質子、電子及原子核時，能量

分布就開始有四種基本作用力——強作用力、弱作用力、電磁作用力、萬有引力。而且這些基本的作用力，主導著物理法則，決定著元素、分子與物質的演化，使得我們所面對的現實物理世界，就是一個以空間基本單元 10 維結構為主體的非「真空」世界，和一個由空間基本單元激態能量構成的原子、元素為主體，組成的各種分子、物質世界的疊加。所以這一篇的章節也以《統一物理學》的觀點，探討宇宙物質起源的能量分布與演化。

【8】
物質能量的體用（一）
——陰陽與五行說的建立

> 它是萬物之原初因，並賦萬物以特質（譬如火之熱性、水之涼性等）。它也當助萬物趨於成熟。唯有它掌管著整個世界。此世有三德：薩埵、羅闍和答摩。這些德性中，無論何者都具備特有的品質，這些品質亦源自於它。

（《白騾氏奧義書》〔五〕5.5）

　　從《奧義書》的內容可以知道印度文化的本質是在探討存在的本體，並運用這種智慧來指導人應該以何種方式生活。但因追求神秘的靈性生活為主要，「棄世」成為崇高行為的主軸，使得印度社會的發展與同屬東方古老文化的中國大異其趣。《周易‧繫辭》：「河出圖，洛出書，聖人則之。」，這是中國古籍記載文化的源頭——河圖與洛書。對於陰陽五行的源起，中國古書上有各種不同的記

述。《易傳》以伏羲氏為中國文化的創始者，其畫卦也與觀天象有關。《史記・曆書》：「神農以前尚矣，蓋黃帝考定星曆，建立五行，起消息，正閏餘，于是有天地神祇物類之官，是謂五官。各司其序，不相亂也。」此中的「消息」，即是陰陽。因此，傳說和記載皆聯繫著陰陽或五行的起源，起源於中國文化的創始時期，並與天文觀測的應用相關。中華民族的文化，側重存在的天人合一與本體的用，重視人與人、人與環境等的關係，發展出獨特的社會制度、人文教育、中醫理論與醫療、易經與風水等複雜的文明體系。

　　由古文獻知道，陰陽或五行起源於上古文化創始之初，是為了生活實用且與天文觀測有關，至遲在戰國中期已有《陰陽說》的有系統性論述（《左傳集解・後序》）。水、火、木、金、土五行，首見於《洪範五行傳》這本戰國時期作品，但在《國語》、《左傳》所記春秋時期的事中，則已可見到成熟的五行思想，而且五材、五祀、五味、五色、五聲、五官等均已具備。中國文化的發展一般認為是由先賢體認到存在本體的運作規則，如伏羲氏依存在本體的太極陰陽運行，畫出先天八卦圖；而周文王再依四時天

象的應用，演繹出後天八卦圖與六十四卦象。但這些年由於中國天文考古學的發展，對於「河圖」、「洛書」、「太極圖」、「八卦方位圖」等各種傳統記載有不同的見解，且都有很多出土的文物可作佐證。本章節的論述就依《統一物理學》的空間單元理論為起點，再以「太極圖」、「洛書」推論陰陽與五行說的建立。

《統一物理學》作著於第一版的第十六章中，嘗試用空間單元理論所發現的質子能量體系，來說明河圖、洛書與《易經》，如《易經》中的基本哲學觀點：「易有太極，始生兩儀，兩儀生四象，四象生八卦。」（圖一）。根據考古文獻真正的「河圖」就是有著陰陽魚的「太極圖」，而朱熹所說的河圖其實只是體現**生成數體系**的五位圖，而「洛書」則是體現**天地數體系**的九宮圖。「太極」究竟是什麼？原來古人以它來稱日夜、明暗變化的「天體宇宙」，如古彝文文獻將「太極」寫作「宇宙」的事實。天文考古證據認為，「太極圖」的本義實際是在一個象徵天蓋明暗變化的圓圖上繪出了蒼龍星象。由於龍星東升西落，回天運轉，於是人們將其描繪成卷曲的形狀。「太極圖」又稱為「河圖」，此中的「河」可考慮為天上的銀河。從實際

天象來看，古人認為天上的河漢起於東方的箕宿與尾宿之間，蒼龍七宿龍體正像從銀河躍出，這與「龍馬出河」的傳說「龍出圖，龜出書」很貼切。古人以白日的顏色是白色，暗夜的顏色是黑色。且從古彝族的文物「太極圖」以白色為龍，天蓋的圓圖為黑色，即是以白色為陽，黑色為陰。從文獻看來這個有龍眼與黑白回互的「太極圖」，是從不對稱龍星運轉的「龍圖」演化成對稱日夜運轉的「太極圖」，而這種演化可能在中華文化創始之初就已並行發展。（《中國天文考古學》，第八章 486 ～ 532 頁）

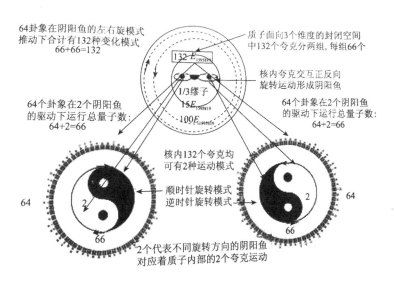

圖一（出自：《統一物理學》第 16 章第 245 頁）

　　《統一物理學》的理論是由宇宙微波背景輻射，推導出宇宙所有的空間與物質都是由空間基本單元構成。空間基本單元作為空間存在的物質，具有可以在能量激發下產生波動（光波），以及可以光速傳播波動能量的真實屬性，所以光子也就是空間基本單元波動的表現。屬於電磁波的光，其傳播波動是種罕見的形式，是在 3 個維度向量方向上同時產生交互變化量（電場—磁場）的傳播，所以電磁波是封閉的 6 維空間能量運動軌跡向 3 維大尺度空間傳播的體現。質子內部高能電子於 6 維空間中運動，同時引發了 3 個垂直於電子運動平面的磁矩矢量的形成，這就形成了大尺度的 3 維。「質子能量體」也是由 638327600（＝ 400×1595819）個空間單元構成。質子內部 10 維空間的 400 個夸克（$E_{1595819}$）能量體系是以能量級數序列運行

$$400E_{1595819} = 80 \times 5E_{1595819} = 80 \sum \frac{E_p}{3^{4n}}$$，而且都有面向 3

維大尺度空間的任意方向上的 132 + 5 = 137（$E_{1595819}$）量子數。這每個維度 132 個夸克（有正—66 與反—66 個夸克數量）和 5 個夸克組成的一組能量體系，就構成了**質子內**

部二極性能量運動對應外部 3 維大尺度空間的每一維度的能量輻射關係。

空間基本單元理論認為：宇宙所有的空間與物質粒子，就是電子本身，也都是由上—下（或左—右）旋兩股自旋極性（正—負）能量構成。所以基本粒子本身如質子、電子，就可以看成是陰陽魚所構成的「太極圖」。由於電子是質子的能量產物，質子內部二極屬性的能量所構成的能量體系，就直接導致了圍繞質子運動的外圍電子運動和能量的二極屬性。而這種屬性也就直接導致了兩個原子結合成分子，以及高級分子和複雜分子的產生，更進一步導致了 DNA 和生命的形成。質子與中子通過共享夸克（$E_{1595819}$）結合成簡單原子核，而不同質量的複雜原子核就形成各種性質不同的元素。不同元素的原子以簡單數目的比例相結合，形成化合物。核子之間通過共享夸克結合，就是具有 10 維空間屬性的空間基本單元的封閉子空間之間的結合。形成元素時原子核內核子之間的聯接，也是眾多封閉的 6 維子空間之間的空間對接。因為核內 6 維封閉空間能量是封閉的，故是各種元素原子穩定的存在於宇宙空間中的必

要條件。但核外空間是開放的，所以能量是以輻射波動表現傳至遠方。

空間基本單元理論也發現，各種元素有不同的原子空間能量特異性係數 O，以及原子核能量特異性係數 Ω，這裡就開始造成物質的不同性質。理論的推導知道質子外圍的電子是質子能量的產物，也就是氫原子內的能量二極性運轉是由質子決定，而氫原子核外的軌道上電子二極性能量也是核內質子能量輻射波動所形成的。從多核子（質子與中子）元素來看，只是更多能量共享夸克的強作用力結合，有多層軌道不同能量的電子雲圍繞運轉。但強作用力的力程只限於核內空間，也就是只有 10^{-15} m 的力程。核內質子與中子通過共享夸克結合，是兩個二極性能量的交互整合而成，即是 1 維性電相互作用的「強作用力」，是核子角能量密度的疊加。由於粒子的運動（包括波動）被物理量稱為「角動量」，是動量（mv）乘上距離物理量（波長 λ、轉動半徑 r）。因粒子的運動包括了能量和角度（即運動是一種類似圓周的往返式空間運動）概念，所以作者創造性的稱 hc 為「角能量」，角能量其實就是一種彎曲球

面形態的能量傳播方式。對單一核子（質子或中子）的核內角能量都是 hc，而核子外部的空間角能量都是 hcα。任何電能量體系的空間角能量都是 hcα。所謂的角能量密度（J），就是角能量在以粒子核心為中心、半徑為 R 的球空間等距離球面積上的強度分布，即 $J = hc / 4\pi R^2$。空間基本單元理論認為，物質間通過空間的相互作用力是由各自角能量密度或空間角能量密度之和，如 $F = J + J = hc / 2\pi R^2$。

物質間的相互作用力相等，其根本原因在於每種物質元素原子的每個核子（質子或中子）的核內角能量都是 hc，而核外空間角能量都是 hcα，這說明了角能量、角能量密度是主宰宇宙萬物的物理學法則。從空間基本單元理論來看，所有形式的作用力都源於核力——強力。這是因為所有原子中的第一軌道半徑及其電子運動速度均等效於在距離核子核心 $(200)^2\lambda_p$ 尺度下的運動速度 v_{H1}。這一特點成為所有形式的力可以形成統一的形式，并均源於核力的理論基礎。關於單一對核子（質子—中子），核內部第一級強作用力是 $F_{p-p} = hc / 2\pi R^2$，核外部第二級電作用力是 $F_{e-e} = hv_{H1} / 2\pi R^2$，核外部第三級磁作用力是 $F_{ie-ie} = (hv_{H1} /$

$2\pi R^2$）$\times$〔（$v_1 \times v_2$）/ c^2〕，核外部第四級萬有引力是 $F_{n-n} =$（$hv_{H1} / 2\pi R^2$）$\times 2 \times$（m_0 / m_n）^{3}，其中 $v_{H1} = c\alpha$。原子體系中的角能量在空間疊加後，由正極性的角能量與負極性的角能量形成無極性空間單元的角能量，也就是可看成在空間的一點上，同時具有正極性角能量和負極性角能量，似乎就是物理上常說的張量或空間曲率。而這種能量的疊加在核內是角能量密度之和，是形成了強作用力；若是在核外的是空間角能量密度之和，也就從有極性的空間角能量形成的電磁力，轉變成無極性的空間角能量形成的萬有引力。而這種粒子間的相互作用力疊加，也改變了參與作用的作用粒子（如光子）的自旋。現代物理學發現：傳遞電磁作用的「光子」自旋數為1，傳遞萬有引力作用的「引力子」自旋數為2，在核內夸克間傳遞強作用力的「膠子」自旋數為1，傳遞弱相互作用的「中間波色子」自旋數為1。而這些自旋數是如何推倒出來的？遺憾的是，目前現代物理學還無法回答這一問題！而從空間基本單元理論的相互作用力疊加知道，這些自旋數是可以推導的，是來源於參與相互作用的粒子，如夸克、電子、質子等基本粒子的自

旋數都是 1／2，而且這量子物理學中粒子自旋數的現象可能也是《易經》理論的基礎。

目前流傳的洛書是朱熹列在《周易本義》卷首的兩張圖——「四方五位圖」的「河圖」與「八方九宮圖」的「洛書」（圖二）。

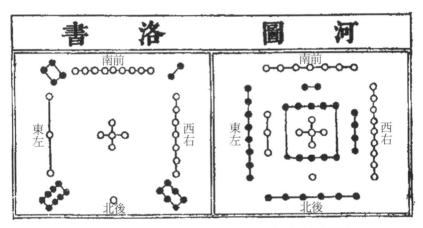

圖二（朱熹列在《周易本義》卷首的圖）

按照朱熹的理解，「四方五位圖」之數為十，「八方九宮圖」之數為九。他的這種說法部分來源於漢唐人的思想，依孔穎達的《禮記正義》：「天地之數五十有五。天一生水於北，地二生火於南，天三生木於東，地四生金於西，天五生土於中。陽無耦，陰無配，未得成。地六成水

於北與天一併，天七成火於南與地二併，地八成木於東與
天三併，天九成金於西與地四併，地十成土於中與天五併
也。」於是河圖可以畫成以五、十居於中央的「四方五位
圖」。洛書的「八方九宮圖」，其實就是秦漢間流行的九宮，
根據《大戴禮記·明堂》所記載：「二九四七五三六一八」
九個數字，從右至左，自上而下三三排列而成，於是可以
畫成以五居中位的「八方九宮圖」（圖三）。

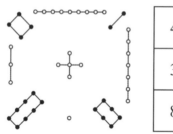

圖三（洛書的「八方九宮圖」）

所以「四方五位圖」、「八方九宮圖」其實只體現了
兩個不同的布數過程，顯然只能看做是「洛書」圖像的不
同變體。不論傳世文獻還是出土文物，都顯示九宮本是以
數字面目出現的。天數與地數實際代表奇偶，用易理去衡

量，奇偶也就是陰陽。商周數字卦成為易卦的濫觴，似乎
正體現這一思想。從《禮記正義》看到古人對數字的神秘
理解並不僅僅限於區分奇偶的不同，事實還有另一套生成
數體系與之並存。古人以一二三四五為生數，六七八九十
為成數，生數為基本數，分別相加中央五，即可得五個成
數。在《中國天文考古學》書中指出「五位圖」、「九宮
圖」與史前文化中常見的特殊八角圖形有關。而八角、八
風、八方與八卦的關係，就是天文學上的分至啟閉八節。
孔穎達的《禮記正義》：「八風，八方之風也。律謂十二
月之律也。樂音象八風，其樂得其度，故八風十二月律應
八節而至。」從文獻顯示自古以降，八節應八風，合八律，
定八方，配八卦建成系統。

圖四　先天八卦圖　　　圖五　先天八卦布數

從「太極圖」的先天八卦來看（圖四、五），1維性的核內強作用力是第一次的卦變，且這卦變是原子核內質子與中子兩個極性能量透過夸克共享的結合，是 2 與 8 位置的共享，是 2 陽 1 陰與 2 陰 1 陽的結合共享（圖六）。

夸克共享

2,8	1	6
3	5	7
4	9	8,2

圖六

註： 核內的 1 維性強作用力是第一次的卦變，在原子核內質子（自旋數為 1／2）與中子（自旋數為 1／2）兩個極性能量透過夸克共享的結合，是 2 與 8 位置的共享，是 2 陽 1 陰與 2 陰 1 陽的結合共享，是核內夸克間傳遞強作用力「膠子」（自旋數為 1＝1／2＋1／2）的表示。

具有多核子原子的元素，其核內也只是經由更多的夸克共享，結合重組成更高的二極性能量。這種重組後的核內六維封閉空間屬性二極性能量，再透過電磁輻射波動形成三維空間的核外圍電子雲極性能量。當兩個原子接近時，

會透過外圍的軌道電子共享，形成穩定的元素態或分子，如氫分子 H_2。而這種原子外圍的軌道電子共享，是產生原子核外 2 維性的電磁相互作用力，是原子外空間角能量密度的疊加。這個「電磁作用力」就造成了第二次的卦變，是外圍電子雲輻射能量波動時的翻轉，是 8–1–6 與 4–9–2 的轉位成洛書的「八方九宮圖」（圖七）。

8	1	6
3	5	7
4	9	2

圖七　核外 2 維性的「電磁作用力」就是造成了第二次的卦變

這種卦變是由原子核內極性能量向原子核外輻射形成電磁波作用的。因電磁力是長程作用力，所以輻射可影響至無窮遠處，也是轉變成萬有引力的來源。所以元素原子 2 維性的電磁力以及其延伸於宇宙空間的 3 維作用力（萬有引力），就表現出元素、分子、物質的特性，**這是陰陽五行的起點**。當元素的分子能量以萬有引力與其他物質分子、

環境能量作用時，其能量的「八方九宮圖」布數會以能量
的旋轉成「生成數五位圖」布數（圖八），再經物質間的
萬有引力結合作用，能量結合旋轉後就形成「後天八卦圖」
的布數（圖九）。

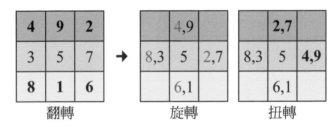

圖八　洛書的「八方九宮圖」布數會以能量的旋轉成「生成
　　　數五位圖」布數

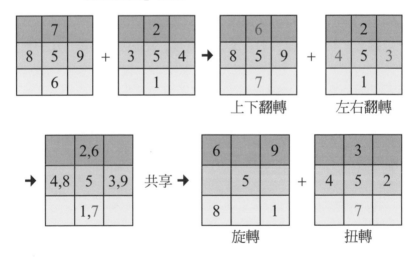

6	3	9
4	5	2
8	7	1

→ 結合

後天八卦

圖九

註：物質間的萬有引力結合作用，是 2 個「生成數五位圖」布數
　　能量結合，經能量的翻轉、旋轉、扭轉後就形成 2 個共享的
　　「後天八卦圖」布數。是有極性的空間角能量形成的電磁力，
　　轉變成無極性的空間角能量形成的萬有引力，此傳遞萬有引
　　力作用的「引力子」自旋數為 2（2 ＝ 1 ＋ 1）。

　　所以看來核內角能量的展現（強力、電磁力）就是先

天卦象——決定了元素的性質，而原子核外空間角能量的

展現（電磁力、萬有引力）就是後天卦象——決定了物質

間的相互作用。「太極圖」從**本體**的先天卦位轉變成**起用**

的後天卦位，是經過核內 1 維的強作用力與核外 2 維的電

磁作用力產生卦變，之後延伸於宇宙空間成 3 維萬有引力

後與其他物質能量交互作用，再以後天卦位的布數起用。

由於宇宙物質元素都是以原子／分子為基本單元構成的，

所以萬有引力從根本上來講是原子／分子集團之間的長程相互作用力。從空間單元的理論也可以知道古人對數字的神秘理解，「洛書」的「戴九履一，左三右七，二四為肩，六八為足」形成「八方九宮圖」中的**數字**，應該都代表著一組複雜的**能量波動方程**。

西方人參考《周易》太極圖這個古老而神秘的理論，不僅創立了微積分、二進位制乃至現代的計算機技術。《周易》八卦圖自古就是被認為是推演宇宙萬物的運作法則的理論，其基本哲學觀點：「易有太極，始生兩儀，兩儀生四象，四象生八卦，八卦演吉凶。」從統一物理學理論觀點來看：

1. 「易」就是宇宙運作本體——空間基本單元的運作法則。

2. 「易有太極」，是說宇宙中存在的空間基本單元，會因能量的運動形成 638327600（$= (2\pi/\alpha)^3$）個空間基本單元集合而成穩定的粒子——「太極」（即有二極性能量的質子），因為電子、中子的極性能量也是由質子產生的。

3. 「始生兩儀」，是說這種「太極」粒子的起始運作，是有動—靜間的變化，且依左—右或上—下旋兩種相反的運動模式，並形成了粒子—反粒子的能量形態。當兩個「太極」粒子相結合時，能量的運動模式會出現左—右或上—下旋的 2 種運動模式，而這正是原子核內基本粒子的運動模式。但因這種強作用力的自旋數是粒子 1/2 + 1/2 = 1，如質子與中子透過夸克共享的強作用力形成元素的原子核，這仍是左—右或上—下旋的 2 種運動模式。因為核外電子是核內質子能量的產物，核子與外圍電子雲的電磁作用力的自旋數也是 1，元素的原子態仍是左—右或上—下旋的 2 種運動模式。

4. 「兩儀生四象」，是指在小尺度的 3 維空間中，當元素的原子態結合成分子時，其能量的運動模式會出現左—右與上—下旋的 4 種運動模式，其自旋數就是由有極性的電磁作用力轉變成無極性的萬有引力的 1 + 1 = 2，如氫分子 H_2。

5. 「四象生八卦」，是指當分子物質間的相互作用依空間角能量形成的萬有引力疊加，這是由小尺度延伸到大尺

度的3維空間的能量疊加，也就出現了八個方位——「二繩」與「四維」。「二繩」，是指兩條相交的直線，構成東、南、西、北四方。「四維」，是兩條互交並疊合於「二繩」之上，構成東北、西北、東南、西南四方。

6. 「八卦演吉凶」，這樣由陰陽五行演繹出周易的八卦理論，是由各種元素分子相互作用（電磁力、引力）構成宇宙萬物相互作用及運動，如日月星辰運轉、雷電風火、山河大地等，所以「**吉凶**」是宇宙中的各種物理現象。

五行學說認為宇宙萬物，都是由木火土金水五種基本物質的運行和變化所所構成。而這五種物類之間的相生相剋，造成物質之間的變化規律，所以被廣泛應用於各種事物，如地理中的方位（東南西北中），如人體的五臟（肝心脾肺腎）等。

在巨觀的世界中，自從牛頓發現物體之間的萬有引力，人們可以根據萬有引力的公式計算太陽系乃至宇宙各處星系中的星體運轉軌道的參數，如軌道半徑，軌道週期等。而在微觀的世界裡，波耳也提出電子圍繞原子核運動的軌道週期規律，如軌道半徑（即著名的波耳半徑），並給出

了電子在受到激發後的各種軌道半徑公式。空間基本單元
理論以物質主體的角能量為物理學規律的統一理論中，將
核內強力所延伸的電磁力，萬有引力等所有形式的力歸於
空間角能量主導的相互作用關係中。而從理論的推導知道
質子外圍的電子是質子能量的產物，電子只能在特定的軌
道運行。而這物理的規律也說明，圍繞著太陽系的各種衛
星（如地球、火星）以及圍繞地球運動的衛星，如月球等，
它們的軌道同原子中的電子圍繞原子核的軌道運轉是同一
回事。在元素的原子或組成分子後，原子核外的電子會因
為軌道電子的共享，而有結合能的釋放，但被共享的電子
仍是在軌道上運行。這說明宇宙中所有存在的物質，都是
依著一定生成它的能量軌道運轉，即存在的物質如果不受
其他外力影響，會依著一定的命運運轉，大如宇宙星系，
小如細菌、人類等應該也是如此（這也是佛法所說的，法
是依著因緣時節而「法住法位」的道理）。就像元素的原
子或組成分子後的共享軌道電子，宇宙中的物質（如人類）
也會因外力的影響而轉換跑道，但仍是依著一定的軌道運
行。

　　而這正是紫微斗數理論的根源，存在的生命會因靠近不同能量的星座而有命運的改變，但這其實仍在一定的軌道中運轉，只是繞行的星座能量不同，供應的能量不同而展現「**吉凶**」差異而已。有趣的是，人類的大腦估計已經包含 $500 \sim 1000$ 億個（10^{11}）神經元，其中約 100 億個（10^{10}）是皮質錐體細胞。這些細胞信號傳遞到對方通過多達 10^{15} 突觸連接。而宇宙的星系由 2012 年的哈伯極深空（XDF）觀點：每個光點都是一個星系，其中一些有 132 億年的歷史；估計可觀測宇宙包含 10^{15} 到 10^{16} 個星系。若由現今量子世界的多重宇宙（quantum multiverse）理論來看：依哥本哈根詮釋（Copenhagen interpretation）可知，一個人「**存在**」的軌跡是由其存在能量的初始條件所牽涉的多重宇宙機率，及當下的物理常數與定理，來決定其「**存在**」的塌陷方向為主因；隨著時間的流逝與可能的介入因子參與，而展現其「**存在**」相繼塌陷的足跡，就像夜間劃過的一顆流星。重要的是所有「**存在**」的過程，都是由所有當下宇宙能量的參與。

【9】
物質能量的體用（二）
——五行與中醫天人合一的理論

　　由前一篇知道，空間單元理論認為：宇宙所有的空間與物質粒子，就如電子本身，也都是由上—下（或左—右）旋兩股自旋極性（正—負）能量構成。所以像質子、電子，都可以看成是陰陽魚所構成的「太極圖」。德國物理學家普朗克研究熱輻射時發現，只有把能量量子化才能解釋實驗數據，而量子化的能量等於**普朗克常數**乘以頻率（$E = h\nu$）。所以知道，光（電磁波）是以能量包的方式傳遞，這一包包的能量就是一球球的「**太極**」——陰—陽魚、正—負、左—右旋、波峰—波谷的能量。所以「**太極**」是可以度量的，即是普朗克常數，其值約為 6.626×10^{-34}（焦耳‧秒）。生活中充滿著電磁波，也就是以「太極」的能量包的傳遞。前一篇提到，「太極圖」能量布數是以先天八卦

107

的方式，而原子核內質子與中子透過夸克共享的結合，以強作用力方式產生第一次的卦變。原子核再透過電磁輻射波動形成三維空間的核外圍電子雲極性能量，這個「電磁作用力」就造成了第二次的卦變。因電磁力是長程作用力，所以輻射可影響至無窮遠處，也是轉變成萬有引力的來源。所以原子核內角能量的作用力，就是決定元素性質的**本體**先天卦象，而原子核外空間角能量的萬有引力，就是決定了物質間的相互作用的**起用**後天卦象。所以元素原子二維性的電磁力以及其延伸於宇宙空間的三維作用力（萬有引力），就表現出元素、分子物質的特性，這是**陰陽、五行的起點**，這也代表佛法的真如法（物、境）運作原理。

《統一物理學》的空間單元理論認為，空間能量在集合成不同元素時，就開始出現不同的物理性質。所以物理學上，真如法（物、境）是由帶有不同物性的各種元素、分子組成的物質所運作的，而這是物性物、境五行的來源；而宗教上，人（生命、覺識）是由八識及其相伴的心所法運作的，這是業力影響五行概念的來源。人（有情識）將真如法緣起時的運作，這種區分物、境的五行概念的主體

仍是這人的識心。依唯識學說，眼耳鼻舌身五根（非識，
五根識對外緣要靠根，但要能作分別認識就得靠第六識意
識來判斷，這個叫「分別依」），聞真如法外緣轉入第八識，
持種的第八賴耶識能遇真如法緣起，產生異熟能變，此時
面對真如法（物、境）的反應，只會有五遍行心所法（作意、
觸、受、想、思）相伴。此初能變很快轉成第七識的思量
能變，而第七我執識的心所法（有十八個）就會染污緣起
法；這心所法包括五遍行、別境的慧、四根本煩惱（貪、見、
慢、愛）、八大隨煩惱（掉舉、昏沉、不信、懈怠、放逸、
失念、散亂、不正知）。所以佛法從眾生八識的演化觀點
來看，真如法（物、境）的覺受緣起產生的五行概念，除
了物、境的物理特性，一定也涵蓋有第七、八識心所法的
五遍行、別境慧、四根本煩惱、八大隨煩惱等心所法。因
為第七識的「**執法為我**」，所以會有「物我一如」、「天
人合一」的覺受。（見《正法眼藏・有時》、《正法眼藏・
一顆明珠》）但第七識的一元性物我一如、天人合一，識
心面對物、境時只能呈現「銀碗盛雪」的分明物質特性，
尚無法賦予名相差別。而是要有第六分別意識的運作，產

生二元性能分別的我與所分別的物、境。隨著第六意識的演化，五行的特質也被用來分類各種法塵的名相表達。所以物、境的五行各行特質、分類，與第六意識的心所法必然有關。第六識能相應所有的五十一個心所，但五十一個心所法不會同時俱起，比如善與惡心所相互違背，故不能同時生起。某時刻所生起心所的配置和組合，是視乎當時的環境、心情和狀態才可決定的。

　　對於五行概念的探討，楊儒賓先生在他的《五行原論——先秦思想的太初存有論》書中亦認為，五行之物是一種太初的真理。原始的五行論是物活論，是種對太初之物的原始認識論，是原物理學。這種「太初」是在知識論導向之前，以及心學大興之前的「物我共在」的「初民」時代，所呈現的原始知識的形態（page 5）。而這正是唯識學說的第八賴耶識緣起法，轉第七末那識思量能變時的我法一如、物我一如的平等性智境。禪宗祖師說這是盡界是我、有差別而無分別——「銀碗盛雪，明月藏鷺。類之弗齊，混則知處。」的自證境（洞山良價禪師《寶鏡三昧歌》）。作者認為「五行」說可視為築基於「聖顯」的五種喻根（page

12），在那個時代自然界中存在之物是種「聖顯」狀態，也就是物與人的意識構造結合在一起的神聖意象。這種現象覺知事物的方式，道元禪師在他的《正法眼藏》中稱之為「現成公案」（見《正法眼藏‧現成公案》）。作者認為的「初民」，就是現代學者認為的「民智未開的古人」。這種尚未被第六分別意識經驗、文化過度染污的人，其實在宗教的立場，反而近似活在伊甸園的人，是較能直接依著物、境的感官覺受做反應。這「初民」在表達個人情緒、情感時，會使用特別豐富的「物的想像」（page 6）。生命要將物、境緣起法相，依五行的特質分門別類是需要有演化出的第六意識及其相伴的心所法參與。所以心識依物、境緣起當下，因為五根覺受色聲香味觸等五塵的差異，而有分別識的經驗建立，如五官、五方、五色、五聲、五味、五氣、五臟等，以及四季風的覺受，而有四方風、四方位、四季、四時農作……經驗建立。五行的進一步演化，就因為有第六意識與心所法依經驗分別產生的法塵，才會有五情（怒喜憂悲恐）、五常（仁義禮智信）等的加入。這些五行的特質，作者的論述歸類如下：

《五行原論》（page 37）

行目	自然性質	德目	儒家德目
金	堅實、犀利、清脆	永恆、法律、正義	義、恆、肅
木	高大、直立、成長	終極、正直、生命	仁、生、直
水	流動、清涼、變化	本源、機智、生命	智、生、道
火	焚毀、熾熱、透亮	淨化、動能、光明	禮、化、勇
土	厚重、廣延、撫育	敦厚、生命、包容	信、生、敬

心識的五十一心所法

心所法	數目	心所法
遍行	5	觸、作意、受、想、思
別境	5	欲、勝解、念、定、慧
善	11	信、精進、慚、愧、無貪、無瞋、無癡、輕安、不放逸、行捨、不害
煩惱	6	貪、瞋、癡、慢、疑、惡見
隨煩惱	20	忿、恨、惱、覆、誑、諂、憍、害、嫉、慳、無慚、無愧、不信、懈怠、放逸、昏沉、掉舉、失念、不正知、散亂
不定	4	悔、眠、尋、伺

　　《黃帝內經・素問》提到：「夫自古通天者生之本，本於陰陽。天地之間，六合之內，其氣九州九竅、五藏、十二節，皆通乎天氣。」《黃帝內經》所提出的「五運六氣」理論，被稱為「運氣學說」，傳統認為這是古人研究氣候變化與疾病關係的學問，藉以推測疾病的發生以預防疾病。五運講的就是「五行」，五運包括木運、火運、土運、金運、水運，代表木、火、土、金、水五行之氣，在天地陰陽中的運行變化。五運若配合季節，所代表的是春季溫性屬木、夏季炎熱屬火、長夏溼熱屬土、秋季涼性屬金、冬季陰寒屬水。《五行原論》作者認為，中國文明中最常見者就是五行與八卦兩種——「金、木、水、火、土」與「天、地、水、火、山、澤、雷、風」，這兩組自然意象不全相同，但都扮演了原型意象的角色。若從物理學的觀點來看，當心識的眼耳鼻舌身五根，用後天卦象的能量布數與外界物、境的引力場波共振時，就可以知道物、境是屬於八種能量型態的哪一種。而這種相應的共振，是**心法一如、天人合一**的理論基礎。

【10】

物質能量的週期運動與
全息重演律——易學

> 由元素週期演化的八卦圖可知，元素在每一維（包括第
> 四維）上的變化，週期結構基本上都是相同的，只是在
> 第一維稍有不同。這一重要規律可能就是「宇宙全息重
> 演律」的基礎。

（《太極太玄體系》第 18 頁）

依《統一物理學》結論來看，質子能量體是由 400 個 $E_{1595819}$ 組成，而這個 $E_{1595819}$ 就是直接參與了構成宇宙所有物質的最基本空間單元的「質數集合體」——**夸克**。6 維封閉結構的質子內部有 2 維能量運動，呈現一種對稱性，即能量是**二極屬性**，也就是正—負、左—右旋，這也是反粒子被發現的原因。理論知道電子是質子能量的產物，因而這內部的二極屬性也影響外圍電子（上、下翻轉）的運動

和能量屬性，進而影響原子傾向於分享電子而結合成分子
及晶體的屬性。理論更發現了構成所有元素的核子（質子、
中子）中，決定核子內部、外部屬性的兩大因素：①是封
閉的 6 維空間空間單元質數集合 $E_{1595819}$ 成能量體；②是以

能量級數序列 $\sum\limits_{n=1}^{\infty} \dfrac{E_P}{3^{4n}}$ 傳遞「能量包」。這兩大因素不僅

僅決定原子參與引力、原子的穩定程度（衰變、裂變、聚
變）、元素構成物質的超導性、硬性等物質屬性密切相關。
從統一物理學觀點看，這兩大因素決定著該元素的一切屬
性，包括不同的原子空間能量特異性係數 O，以及原子核
能量特異性係數 Ω。理論認為質子與中子結合後形成多核
子的元素原子，而這結合的核子能量也決定了外圍電子的
電子數量。

　　元素週期表是根據原子序數、核外電子組態和化學性
質相似性排列化學元素的一種表格。週期表最早是由俄羅
斯化學家德米特里 · 門得列夫於 1869 年發布，主要用來
呈現當時已知元素之間的週期性規律。其中，週期表的橫
行被稱作週期，縱列則被稱作族。而且「原子軌域」的組

態情況與表中週期的排列密切相關。現今普遍公認的原子結構是波耳氫原子模型，即電子像行星般繞著原子核（太陽）運行。然而，需要注意的是，電子不能被視為形狀固定的固體粒子，而原子軌域也不像行星的橢圓形軌道。更準確的描述是「電子雲」，形狀獨特的大範圍「（電子）大氣」，分布在極小的星球（原子核）周圍。直到 1926 年，隨著量子力學的發展，薛丁格方程式才解釋了原子中電子的波動行為，並確立了有關新概念「軌域」的函數。「原子軌域」又稱軌態，在量子力學中，它以數學函數描述了電子在原子內的波動行為。此波函數可用來計算在原子核外的特定空間中，找到原子中電子的機率，並指出電子在三維空間中的可能位置。具體來說，原子軌域指的是環繞著一個原子的眾多電子（電子雲）中，每個電子可能存在的量子態，並以軌域波函數來描述。最簡單的電子分布是以電子層由內至外來計算，即距離核子的第 n 層電子層，最多可容納 $2n^2$ 個電子。（電子層數即主量子數 n）電子層可以進一步細分為亞電子層，亞電子層中的電子組合形成一對，每個軌域只能容納一對電子。每個軌域中最多容納

2 個電子。當兩個電子處於同一個軌域時，它們的自旋方向必定相反。電子在原子軌域中的自旋方向是自旋量子數，只有 + 1/2（↑）和 − 1/2（↓）兩個值，即「上旋」和「下旋」之分。

在前一篇中，空間單元理論以物質主體的角能量為物理學規律的統一理論中，將核內強力所延伸的電磁力、萬有引力等所有形式的力，歸於空間角能量主導的相互作用關係中。而從理論的推導知道質子外圍的電子是質子能量的產物，電子只能在特定的軌道運行。對核內的質子能量推導，雖沒有討論這外圍電子是如何分布的，但發現核子外圍電子雲的運動，關閉了核內質子對電子的相互作用。也就是說，電子雲的負電荷複雜運動形式，封閉與中和核內來的質子正電荷能量。作者依空間單元理論的原子模型發現，太陽系的構成也符合氫原子結構（《統一物理學》，第二版，page 211）。這物理的規律也說明，圍繞著太陽系的各種衛星（如地球、火星）以及圍繞地球運動的衛星，如月球等，它們的軌道同原子中的電子圍繞原子核的軌道運轉是同一回事。此說明物質能量的週期運動可能決定於

有規律的訊息的重演，且與中國古老的易學有關。

　　《太極太玄體系》這本書作者鄭軍，詳細的討論二進制的易學太極體系，與三進制的太玄體系。在人類歷史上首先系統研究二進制週期運動的專著是《易經》，而第一部系統研究三進制週期運動的專著是當推楊雄的《太玄經》。所有物質運動的週期，都是由一進制、二進制、三進制這三種簡單週期演化而來的。二進制表達的是簡諧運動，三進制則能表達螺旋式上升運動，也就是辨證法運動。這兩種進制是物質運動由低階向高階發展的基礎條件。二進制易學，自古就是被認為是推演宇宙萬物的運作法則的理論，其基本哲學觀點：「易有太極，始生兩儀，兩儀生四象，四象生八卦，八卦演吉凶。」此含義是：在任何層次事物都具有陰陽兩種屬性，或可劃分為陰陽兩個組成部分。老子名言：「道生一，一生二，二生三，三生萬物，萬物負陰而抱陽，沖氣以為和。」《太極太玄體系》作者充分的說明這是 0、1、2 的三種狀態，就是任何一種週期運動都具有的始、中、終三種狀態。物質從初始狀態 0 開始週期運動，經過中間狀態 1，進入終點狀態 2，基本週期

完成，同時為高一階週期運動準備了必要條件。隨著下一
高階運動的展開，展現了氣象萬千的高階狀態，產生出萬
事萬物。每一事物都包含陰陽兩部分，陰陽結合於統一體
中才能成為一完整事物。在探討週期性連續運動時，週期
的劃分往往只要包括始點就夠了，終點則包含在下一個週
期的始點之中，也就是說週期性的運動是：連續運動中的
終始點共用。它表明，在一個週期內部，基本上處於量變
過程；而在終始點上將出現質變。（page 12）

　　太玄體系三進制表徵的就是一種不斷由低階向高階升
級的週期。《太玄經》有「一玄、三方、九州、二十七部、
八十一家」的說法。太玄二十七部即為 $1 \times 3^3 = 27$，太玄
五十四面即是 $2 \times 3^3 = 54$。對三維結構來說，它是五十四進
制，53 是其最大數。五十四是三維結構的最高進位制。因
為 $3 \times 3^3 = 1 \times 3^4$，這表現的是四維結構。在三維結構中，
第四維是無法展開，將出現時空收縮，從而被約束在三維
結構之中。（page 13）太極太玄模型就用五十四進制週期
來研究化學元素週期表。元素週期表都是把氫視為週期表
的始點，但作者反對這種說法。依此模型理論，任何週期

運動其始點均為 0，而終點則隨週期的層次等級而不同。因此，元素週期表的始點也應該是 0。區別化學元素的根本依據是原子外圍層的電荷數。各種元素的化學性質都是由這些外層電子決定。因此，0 位元素的電荷數應為 0。而符合這一要求，能排入週期表零位的只能是中子。（page 14）從終點始點共用性可知，中子是低於化學元素層次的一種粒子週期運動的終點（如核內粒子夸克有六種「味」，分別是上、下、魅、奇、底及頂），又是化學元素週期運動的始點，中子是這兩個層次之間的質變點。因此，中子應具有這兩個層次的屬性，可定名為零元素或隱元素。中子在自由空間會發生 β 衰變，轉化為 1 個質子、一個電子和 1 個反微子。質子與電子結合即為氫原子。據此可認為氫（元素 1）是由中子（元素 0）產生的；這是由 0 生 1（「無」生「有」）的最好例證。中子為 0，氫為 1，構成宇宙中太極體系的一對陰陽。（page 15）由陰陽運動，產生了中子→氫→氦的元素演化。

要了解太玄模型的化學元素週期表，需先說明五十四進制週期所形成的立體結構。以魔術方塊的六面立方體結

構言，每一面可以看成是一組九宮八卦，所以立方體可以看成是三層九宮八卦組成（即 27 塊小立方體，其中心一塊是不可見的）。有趣的是，在六面體的六個表面上，分布著六組九宮八卦，共五十四個表面單位，它們均衡地分布在 X、Y、Z 三個方向軸垂直面上。每一軸上都有兩組對立存在，並與軸線垂直的九宮八卦，分上下、前後、左右共為三組。若以每一軸線上的兩個垂直表面別表示為陰和陽，三軸線共三組陰陽，這就是三陰三陽的表達形式。每一面九宮八卦的中間是中宮，六個中宮中心點的連線即為 X、Y、Z 三維座標軸線。從六面立方體結構言，組成的 27 小方塊表現了三類不同性質：

1. 在八個頂角方塊，是表面性質充分暴露（三面）的八部，它們就是太極體系中的八卦。每個八卦小方塊各有三個面（對應於立方體模型），或三條線（對應於球面模型），它們對應於三層爻。可見太玄與太極體系的關聯。

2. 六個中宮各為一部，表面性質暴露最少（一面）。若把它們投影到球面上，成為三對極點，其中一對為球體的兩極區，其餘兩對將赤道四分。可見三對形成的三陰三

陽中，有一對的一陰一陽與其他兩對是不同質與不同量的。

所以六面體 6 個九宮面有 54 個小面組成，從極點 0 開始，實際有數量變化的是 53 個面。即一個三維立方體（或球體）的表面最大數是 53，是由 54 塊表面包圍而成的，是五十四進制，53 是其最高結構數。

將週期表稍作調整，其三進制週期的性質就十分明顯地表現出來：將 0 族元素放在各族之前而居於首列，在氫前面加上中子，這樣每一橫行即構成一個子週期，它們即表現為三進制週期；0 ～ 53 位元素與太玄 54 面一一對應排列，就是一個完整的三維立體結構。能說明這是一種三維立體結構的最突出點莫過於六個中宮位置與六種軸線元素原子序數對應的確定性。也就是說：中子和氫為兩極，構成這一立體結構的轉動軸，即分別處於 0 和 1 位；25 ～ 26 位是（Fe ～ Co）元素和 44 ～ 45 位是（Ru ～ Rh）元素構成赤道上的兩條垂直軸線。這六種元素有其特殊性質，即是一對陰陽八卦子週期的聯繫紐帶，故也可稱為中宮元素。（page 15）除這六種元素外，其他元素依序分別構成六組

八卦。這樣，上下的一對陰陽面（一陰一陽）即為週期表上的第 1、2、3 短週期，而前後、左右兩對陰陽面（二陰二陽和三陰三陽）則分別為週期表上的第 4、5 週期。三對結構面構成一個完整的三維立體結構的大週期。

根據中國傳統的科學思想和元素週期變化三維結構的分析，可將元素依序以九宮八卦形式由低級向高級排列出來。在最低層，0～1 構成基本週期，週期封閉出現 2。只有出現 2 以後週期才是完整的物質能量運動一周，又回到了原點，但此時終點已不是原來的 0，而是現在的 2。這終點的 2 進入高一級的週期，又是處於始終的（0 位），依序填滿八卦的位置至 10 出現後，新的這一級週期又得到完整表現。如此，由中子、氫、氦等低原子序的元素，在宇宙形成的高溫環境中，不斷地撞擊、融合、分裂過程，原子序不斷的增加（核外電子也增加），但只有能依這五十四進制週期的三維立體結構新元素才能穩定存在。第 1、2、3 週期結合，構成與長週期相等的 18 位元素。每一組 18 位元素即構成互相聯繫的陰陽兩層八卦。在太極太玄體系中，四象是一穩定的結構單位，八卦是四象所組成的編碼。

大玄模型的化學元素周期表

序號	0	1	2	3	4	5	6	7	8	9	10	11	12	13	14	15	16	17	18
陰陽		☷	☶	☵	☴	☳	☲	☱	☰			☷	☶	☵	☴	☳	☲	☱	☰
八卦		坤	艮	坎	巽	震	離	兌	乾	中宮	中宮	坤	艮	坎	巽	震	離	兌	乾
九宮																			
1 (n)	(n)									n	H							(H)	He
2	He	Li	Be											B	C	N	O	F	Ne
3	Ne	Na	Mg											Al	Si	P	S	Cl	Ar
4	Ar	K	Ca	Sc	Ti	V	Cr	Mn	Fe	Co	Ni	Cu	Zn	Ga	Ge	As	Se	Br	Kr
5	Kr	Rb	Sr	Y	Zr	Nb	Mo	Tc	Ru	Rh	Pd	Ag	Cd	In	Sn	Sb	Te	I	Xe
6	Xe	Cs	Ba	La↗	Hf	Ta	W	Re	Os	Ir	Pt	Au	Hg	Tl	Pb	Bi	Po	At	Rn
（鑭系 ↗）				Ce	Pr	Nd	Pm	Sm	Eu	Gd	Tb	Dy	Ho	Er	Tm	Yb	Lu		
7	Rn	Fr	Ra	Ac↗	104	105												117	118
（錒系 ↗）				Th	Pa	U	Np	Pu	Am	Cm	Bk	Cf	Es	Fm	Md	No	Lr		
8	118			121↗	136														
（↗）				122	123												135		

終點

124

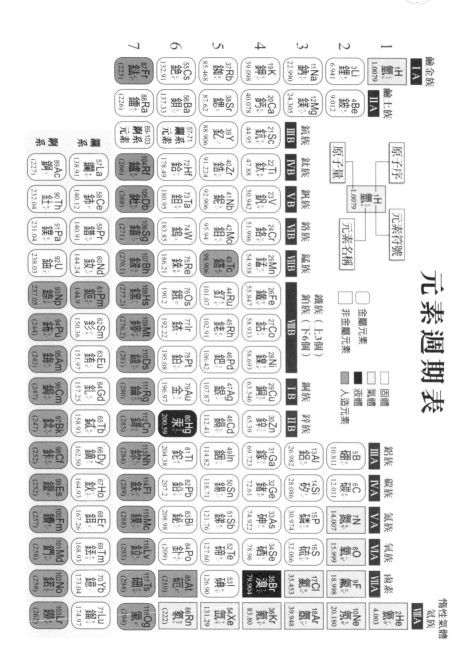

元素週期表

（page 17）La 系元素出現的位置正符合這一原則，它們居於內層八卦的兩組四象之間。由化學原理知道，第 1 ～ 5 週期元素的原子外圍電子層結構是由不同能級的 s、p、d 電子組成的三組變量（s、sp、spd）決定的，而這三組變量所決定的元素構成了三維立體結構。La 系 14 種元素外圍電子組態出現 f 變量，這是第四維變量。La 系元素全部居於 La 元素這一點，這現象表明在空間分布上 La 系元素處於與三維結構某一維完全垂直的方向上，此即是鑭系收縮。在太極太玄體系中，第四維的變化只能出現在八卦的兩組四象之間的「隙縫」之中，在方向上則與這一八卦垂直。

（page 18）由元素週期演化的八卦圖可知，元素在每一維（包括第四維）上的變化，週期結構基本上都是相同的，只是在第一維稍有不同。這一重要規律可能就是「宇宙全息重演律」的基礎。

O	F	B
N	中子 0	Be
C	He	Li

Na	Ne	Si
Mg	H 1	P
Al	Cl	S

K	Ar	Ti
Ca	Fe 25	V
Sc	Mn	Cr

Ge	As	Se
Ni	Co 26	Br
Cu	Zn	Ga

Rb	Sr	Y
Kr	Ru 44	Zr
Nb	Mo	Tc

In	Cd	Ag
I	Rh 45	Pd
Te	Sb	Sn

太極太玄體系所提出的化學元素週期表有幾種性質：

（page 23）

1. 八卦對位互補均衡性：按元素週期八卦圖排列出各元素
   的原子量（以豐度最大的同位素），對位相加，則在同
   一層八卦內基本相等（均衡）。

   He + F = 4 + 19 = 23 　　Li + O = 7 + 16 = 23

   Be + N = 9 + 14 = 23 　　B + C = 11 + 12 = 23

   Ne + Cl = 20 + 35 = 55 　　Na + S = 23 + 32 = 55

   Mg + P = 24 + 31 = 55 　　Al + Si = 27 + 27 = 55

   這是八卦反應出來的普遍規律。這種對待關係反應了週
   期運動在同一層次是按自然數漸進的，沒有跳躍，是一
   量變過程，並且是首尾互補的。跳躍（質變）出現在不
   同層次之間。原子量對位互補均衡性，不僅反應了電子、
   質子的漸進性質，更重要的是反應了中子的對位互補性
   質（中子數＝原子量－質子數），這種性質只有在八卦
   中才能被認識。Li 核比 He 核增加 2 個中子，則對位 F
   核比 O 核中子也增加 2 個；Na、Mg 中子數相等，對位
   P、S 中子數也相等。這是自然界的一種自我調整法則，
   先天八卦表達了這種性質。它表明元素週期的卦象結構
   （非原子本身的結構）是相當穩定的。

2. 每一八卦的始位都是惰性元素（page 25）：在元素週期
   八卦圖中，每一層八卦代表一個子週期。八卦的始位為
   子週期的始點。這些始點除惰性氣體外，還有 Ni、Pd、
   Pt 及近來發現的 110 號元素（鐽 Ds，新元素名于 2003
   年 8 月起開始生效）。這些惰性氣體、金屬都是不活潑
   的，這位置正對著八卦的坤卦。「乾動坤靜」，是八卦
   的固有屬性。

3. Ⅷ族元素不是一族，是分為三類：首先，Ni、Pd、Pt 和
   Ds 元素是惰性的一族。其次，Fe、Co、Ru、Rh、Os、
   Ir、Hs（108）、 Mt（109）都是居於中宮的元素，它們
   是第一和第二子週期的聯繫元素。而這八元素雖同為中
   宮，但 Fe、Ru、Os、Hs 是屬於第一子週期，居於子週
   期之後；Co、Rh、Ir、Mt 是屬於第二子週期，居於子
   週期之後前。

4. 週期的始點、終點是確定的，不是隨意的，更不是人為
   的：週期的始點、終點狀態是 0，是指物質運動狀態而
   言的。化學元素週期變化也是一個完整週期的始點為 0，
   終點也是為 0。這化學元素 0 狀態，只是對元素原子表

現的電性質而言的。不過，終點 0 已不是始點的 0，而是高一級的 0，它又是高一級週期的始點。只有按照始點、終點划分的週期，才能表現出週期的固有性質，例如八卦的對位互補均衡性。由此可見，物質能量形成化學元素過程的週期運動，絕不是在一個圓周上打圈子的簡單重複，而是以終點為過渡點的從一個層次的螺旋式上升過程，而且不同層次之間的性質不會雜位而局。

5. 週期變化的穩定結構單位是四象，和由四象組成的八卦：從 He 開始，所有元素都分別從屬於某一組四象，兩組（陰陽）四象組成一組八卦。因此可見，「八卦是四象的編碼」是符合實際的說法。

　　這裡所說的化學元素週期變化的結構，並未涉及各元素原子本身的結構或電子層結構。現實世界中，從未見過這些元素結合在一起形成某種結構體。所以傳統元素週期表表明的是：化學元素的演化規律的二維圖像。而元素的太極太玄結構展現的是演化規律的三維圖像。元素在太極太玄結構中的位置，正對應著現實空間中該元素原子的電子層結構狀態。因此，太極太玄結構又是各種元素原子結

構的數學表述。例如，元素週期內層太極太玄結構始於 0
位，對應於外層電子為 0 的元素原子，它反應的是中子結
構上的這種性質。太極太玄結構的第二位為 1，對應於氫元
素原子外層有一個電子。太極太玄結構的第 3 位為 2，對
應於氦元素原子外層有 2 個電子；而這第 3 位又為高一層
八卦的始點（坤卦），氦元素對應著處於 0 族位置。Ne 元
素在太極太玄結構中處於第 11 位置，它是封閉這層八卦，
並局居於高一層八卦的首位。這 Ne 的原子外層有 10 個電
子，處於 0 族位置，是第 2 週期的終點，又是第 3 週期的
始點。從元素演化的週期規律可知，物質存在的多重世界
（quantum multiverse），所發生的「塌陷」方向是有自然
法則的。也就是前面的初始條件、環境的宇宙常數與物理
法則，與當下參與的所有能量共同決定塌陷的方向！

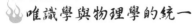
參考資料

● 姜放（2013）。《統一物理學》。北京：中國財富出版
社。2013 年 1 月第 1 刷。ISBN 978-7-5047-4422-7。

● 鄭軍（1992）。《太極太玄體系》。北京：中國社會社
會科學出版社。1992 年 6 月第 1 刷。ISBN 7-5004-1104-9/
B・228。

● 馮時（2010）。《中國天文考古學》第八章 天數發微。
北京：中國社會科學院出版社。2010 年 11 月第 1 刷。
ISBN 978-7-5004-5919-4。

● （明）來知德（2017）。《師恩本周易集注附圖冊》。
新北：養正堂文化事業出版公司。2017 年 1 月。ISBN
978-957-9191-39-8。

● 阿城（2017）。《洛書河圖：文明的造型探源》。台
北：中華書局。2017 年 5 月第 3 刷。ISBN 9787-7-101-
10859-0。

● 楊儒賓（2023）。《五行原論:先秦思想的太初存有論》。
上海：上海古籍出版社。2023 年 3 月重印，ISBN 978-
7-5325-9492-4。

第三篇

眾生的法報化三身

　　從前二篇文章知道，利用《統一物理學》的空間單元理論可以說明宇宙的創生，始於地、水、火、風、空、識六大法性，以及「原質」（物質真如法源頭，是無知），和「原人」（金胎有情識源頭，是覺知）。物質粒子一體的原質與原人演化，進一步從有物性差異的元素開始，陸續演化出分子、化合物及有機分子物質。甚至是單細胞生物、病毒、原核與真核細胞生物的演化。這些演化出的生物，已經是所謂的生命體。那麼這些生命體，是否具有古老智慧所說的「輪迴」呢？輪迴的觀念自古以來一直存在於人類社會。早在古印度婆羅門時期的《梨俱吠陀》中，就已經暗示了靈魂在人死後的歸宿。後來的《梵書》和《奧

義書》中都詳細記錄了成熟的輪迴思想。在西方，古希臘羅馬的畢達哥拉斯和柏拉圖，也提出人死後的靈魂將根據生前行為的善惡而輪迴轉世，可能轉生成人或其他生物。

「輪迴」，意思是生命死了又生，生了又死，生死不已，像車輪一樣轉動不停，循環不已。《觀佛三昧海經‧卷六》：「三界眾生，輪迴六趣，如旋火輪。」《大智度論‧卷十六》說；「眾生輪轉五道，迴旋其中。」《大乘心地觀經‧卷三》：「有情輪迴，生於六道，如車輪之無始終。」《成唯識論‧卷四》說：「有情眾生，由四根本煩惱，輪迴生死，不能出離。」可以知道所說的「生命死了又生，生了又死」，不再指單純的物質性肉身，因為肉身死後腐敗不可復生。大乘佛教理論中佛具有的三種身：應身（變化身）、報身（受用身）、法身（自性身）。後來衍生出「眾生即是佛」，所以有生命的眾生也皆具有三身。佛教認為眾生因身口意行為業力，死後會輪迴轉世，所以要了解輪迴的運作，就要認識法、報、化三身的演化。所以這篇文章將也以《統一物理學》的觀點，探討眾生的法、報、化三身的演化。

【11】
有情識與無情法的演化

> 「一旦我們發現並證明了浩瀚的宇宙空間中存在著基本
> 物質單元，這無疑賦予了人們看似『真空』的空間以靈
> 魂，使得人們將重新認識和發現宇宙空間的更多奧秘。」

（《統一物理學》page 222）

依《創世紀》第一章說：「神創造天地之初，大地是空虛的、混沌；淵面黑暗，神的靈運行在水面上。神說：『要有光』，結果就有了光。」但是科學界最著名的宇宙緣起理論是「宇宙大爆炸」。大爆炸，又被稱為大霹靂（Big Bang），是描述宇宙的起源和演化的宇宙學模型。這一模型目前得到當代科學研究和觀測最廣泛且最精確的支持。宇宙學家通常所指的大爆炸觀點是：宇宙在過去有限的時間之前，起源於一個密度極大且溫度極高的太初狀態。根據 2015 年普朗克衛星所測得的最佳觀測結果，宇宙大爆炸

距今約 137.99 ± 0.21 億年，經過不斷的膨脹演變至今天的狀態。若要揉和這兩種說法可以這麼結語──**依神的意志：「要有光」，就有了「宇宙大爆炸」的創生。**

　　有光──「能量」的緣起之後的物質性演化，科學家認為不必有「神」的介入。但佛法的教義卻認為一切有情識與無情法都依佛性緣起，如釋迦牟尼佛言：「一切眾生，悉有佛性；如來常住，無有變異。」、「遍界不曾藏」（《正法眼藏・佛性》）。《聖經》也有相似的說法，如耶和華說：「你從水中經過，我必與你同在」（《以賽亞書43.2》）、保羅說：「上帝已將他的聖靈賜給我們」（《加拉太書3：5》）。**宗教的這些說法是：靈性與物質是一起同在，也一起演化。**若要揉和這兩種衝突說法有必要引用《統一物理學》的空間單元理論。依其理論一旦發現並證明了浩瀚的宇宙空間中，存在著「空間單元」的基本物質單元，這無疑賦予了人們看似「真空」的空間以靈魂，使得人們將重新認識和發現宇宙空間的更多奧秘。光是由空間單元承載的，也就是說 6 維度的空間單元的運動造成電磁波的傳播。空間基本單元存在的能量態（絕對溫度），

決定了宇宙的物理常數 c、h、G、k_B、α 等，而這些常數也決定了物理的自然運作法則。從前一篇元素演化的週期規律可知，物質存在的多重世界（quantum multiverse），所發生的「塌陷」方向是由自然法則決定的。也就是前面的初始條件、環境的宇宙常數與物理法則，與當下參與的所有能量共同決定事件塌陷的方向！由此可以做這麼結語：「空間單元運動的自然法則」，或稱「神的旨意」或稱「佛性功德」，決定著物質與靈體的一起演化方向。

宇宙創生前是似黑洞的狀態，內部是巨大能量密度，任何物質都將解體分裂為最基本的物質元素——空間基本單元，因此沒有獨立的粒子可以存在於黑洞中。也可以說黑洞是高能量密度的「真空」。這些空間基本單元會在不同的能量狀態下，將再次合成新的基本粒子，從而完成宇宙新物質形態的再循環。（《統一物理學》page 194）所以隨著「大爆炸」創生有光（能量）的宇宙，並進行基本粒子與地水火風空識的演化。根據大爆炸理論，宇宙的起源始於高溫、高密度的原始物質。最初的溫度超過幾十億℃，隨著時間的推移，溫度持續下降，宇宙開始膨脹，

而密度也相應下降。因為開始極高溫時，空間基本單元 10 維結構處於開放狀態。當大爆炸數秒鐘後，伴隨著空間溫度的逐漸降低，空間基本單元的 10 維度中的 6 維度逐步封閉，進而將空間中的能量同步封閉在各自的 6 維微小空間中，形成自旋的慣性能量，開啟了基本粒子、元素晶體、分子及化合物的演化。宇宙早期存在的微小漲落在引力作用下不斷增大，最後逐漸形成今天宇宙中的各種天體。

前幾篇中討論，宇宙地水火風空識六大與基本粒子的演化，依《統一物理學》的理論來看，空間基本單元作為構成「空」大存在的物質，具有可以在能量激發下產生波動（光波），以及可以以光速傳播波動能量的真實屬性。而未激發的明鏡「空間單元能量海」是充滿光明的，是目擊者可以鏡像的呈現粒子的誕生，也就是說它就是「金胎」，就是具覺知的「識」大。因為宇宙膨脹造成溫度逐漸下降，目前宇宙真空的 2.725 K 溫度也不是最低能量態，會因輻射冷卻趨向於絕對 0 K，所以真空狀態中是充滿了負能量。這種負能量使存在的能量傾向於最低能量態，造成物質的轉換會有自發對稱性破缺的特性，應該是「水」

大的源頭。隨著宇宙降溫使空間基本單元 6 維封閉，也使有能量的空間單元運動時 6 維互相結合成各能量態的種基本粒子如輕子、電子（638327600 個空間單元）、夸克（空間基本單元素數集合體 $E_{1595819}$）等。宇宙物質都是由原子核形成的原子，再結合成元素、分子等基本物質組成。所以這些物質的能量來源，都源於元素中的原子核，因此核中質子（400 個 $E_{1595819}$）、中子的夸克（$E_{1595819}$）所提供的能量級數系列的「能量包」傳遞方式，就是形成「火」大的源頭。因質子的自旋能量會造成核外電子的上、下翻轉，也是造成兩個核子傾向於分享軌道上的電子，而結合形成分子的原因。所以質子的自旋能量（正—反、位能—動能轉換）應是「風」大的源頭。夸克是唯一可以參與四種基本作用力（強作用力、弱作用力、電磁作用力、萬有引力）的粒子，而運作的方式是透過夸克以能量級數系列的能量傳遞交換。這四種基本作用力是穩定所有微小粒子甚至到巨大的星體的因素，這提供了「地」大的堅性。當元素演化出現時，六大的演化也成熟運作著了。

眾多夸克（$E_{1595819}$）通過共享 6 維封閉空間成結合體，

其以激發態能量運轉的是「**原質**」（物質性的源頭）；而此結合體是 638327600（$= (2\pi/\alpha)^3$）空間單元構成的穩定物質粒子，是 400 個 $E_{1595819}$ 相連接的 6 維封閉空間的結構，即是「**原人**」（精神性的源頭），而且「**原質**」與「**原人**」是一體性的存在。基本粒子的電子、質子都是由 638327600 = 400×1595819 個空間基本單元組成。（見《統一物理學・原質與原人的誕生》）佛教認為，眾生是以眼、耳、鼻、舌、身、意、末那、賴耶八識，存在於欲、色、無色三法界。而且宇宙是五大與八識一起演化，這意味著三界（無色界、色界與欲界）是一體的疊加，也就是這宇宙就是眾生八識（佛）所依的法界；而演化的方向是從無色界、色界、欲界而複雜化。宇宙物質早期出現的各種天體星雲的組成主要是氫，其餘還有氦、氮、氧、碳等元素。從地質學時間及地球歷史事件來看，138 億年前誕生宇宙至 42 ～ 40 億年前地球表面溫度降低使地殼得以凝固，大氣與海洋形成，是基本粒子、元素晶體、分子及化合物的演化的時間。在地球形成後的冥古宙 40 億前年部分為無生命時期，地球出現重要的氧、氫、碳、氮、硫和磷 6 種元素，成為有機物

與生命演化的材料。依生物學演化論的說法，40 億年前最早生命的出現，可能是源於能夠自我複製的 RNA 分子，以及之後的 DNA 逐漸成為最主要的複製物。

從空間基本單元理論來看，空間能量在形成不同元素時，就已經有不同的物質性質。不同元素有不同的原子空間能量特異性係數 O，以及原子核能量特異性係數 Ω。元素的 O 值愈接近 1，就同引力的效應愈強烈，這是因為該元素的原子與夸克能量有強的共鳴或協調性，如氫、氧、碳等，這些也是有機物的主要構成元素。從前一篇《太極太玄體系》這本書的討論，可知道基本粒子的演化成各種元素，是由中子、氫、氦等低原子序往多原子序的元素，但只有能依五十四進制週期的三維立體結構新元素才能穩定存在。由元素週期演化的八卦圖可知，元素在每一維（包括第四維）上的變化，週期結構基本上都是相同的，而這正是重要的「宇宙全息重演律」，**也就是說，粒子、元素的演化，並不是依著達爾文的「物競天擇」為原則的。**元素晶體、分子結晶與長鏈大分子的結晶，雖是由空間單元（識體）的能量展現，但仍不會隨著環境改變自體的結構，

識體應仍是所謂的「白淨識」、**「佛性識」**——又稱阿摩羅識、無垢識，最早出自真諦三藏所譯經典。演化到此，能量與識體結合的物質，行為的一元性物理學基礎，仍是基於系統的**「熱力學平衡」**——系統內的分子溫度（能量）是傾向於由高溫往低溫擴散，最後達均溫的平衡狀態。而這也是聖人提出「損有餘，補不足」、「民胞物與」、「博愛」的根源。這是因空間單元（神、佛性）的運作，使得系統的溫度傾向於平衡。**因為空間單元是能量（光）的承載體！**

【12】
識與中有的演化

　　由《太極太玄體系》知道元素的演化，只有依五十四進制週期的三維立體結構新元素才能穩定存在。由於這一重要規律「宇宙全息重演律」，也就是說，粒子、元素的演化，並不是依著達爾文的「物競天擇」為原則的。而空間單元理論也發現，元素的空間能量特異性係數 O 值愈接近 1，就同引力的效應愈強烈，這是因為該元素的原子與夸克能量有強的共鳴或協調性，如氫、氧、碳等，這些也是有機物的主要構成元素。近來台灣中研院和日本的跨國科學團隊，透過 ALMA 觀察，科學家們在銀河系的邊緣首次偵測到形成繭狀物的「複雜有機分子」，這些物質被視為孕育生命的基本成分。這一發現顛覆了以往認為銀河系邊緣缺乏「複雜有機分子」的認知。ALMA 是目前地面最大的望遠鏡，此次觀測不僅發現了在銀河系邊緣罕

見的新生恆星（原恆星），還偵測到包含碳、氧、氮、硫和矽等元素的多種分子。其中，甚至發現了包含多達 9 個原子的複雜有機分子，顯示出宇宙中的化學複雜多樣性。在銀河系邊緣的觀測中，偵測到的這些複雜有機分子可能充當較大的「前生命分子原料」，成為孕育生命的基本材料，例如甲醇（CH_3OH）、乙醇（C_2H_5OH）、甲酸甲酯（$HCOOCH_3$）、二甲醚（CH_3OCH_3）、甲醯胺（NH_2CHO）、丙腈（C_2H_5CN）等。

依《統一物理學》結論，**眾多夸克**（$E_{1595819}$）**通過共享的結合體**以激發態能量運轉的是「**原質**」，而此眾多的 $E_{1595819}$ 相連接的 6 維封閉空間的結合體是「**原人**」，而且這「原質」與「原人」是一體的存在。地球是因引力與約 $270 \sim 300\,K$ 溫度形成的娑婆空間，充滿著空間、氣體分子與水氣。所以空間單元的存在形態，與外太空 $2.725\,K$「真空」的空間單元形態是不同的。在地球的常溫下，當電子、質子發生激發態能量「退耦」後，留下的 6 維封閉空間的結合體即成為粒子的「**中有**」體（是無激態能量的空間單元結構體──無垢「**佛性識**」，指激態能量在消亡之後，

到下一期激態能量再開始之前的中間存在狀態）。氧，氮、水、二氧化碳等氣體分子，是以共享電子或質子的複雜 6 維結構體。當發生化學作用、光合作用等時，所需的電子、質子，可能就是直接從 6 維結構的「中有」空間單元體形成。化學反應中電子、質子的出現可視為投胎行為，而這是量子層級的輪迴。除了基本粒子電子、質子外，其他的物質分子是不會有自己的中有體。物質分子如水、元素、氣體分子，甚至如糖、鹽分子等雖有三態的變化，其空間單元識體結構並不會改變；但若物質分子是在化學反應時，就會發生分子結構改變，所以無垢的分子識體也改變。物質分子的行為會不會留下曾經發生過的痕跡，可以從化石的考古研究得知。從化學物質的同位素（如 C－14），可以得知有機分子、細胞生物的演化年代與過程。雖然分子結構相同，物質分子行為仍會留下業力的垢跡。

目前科學家多數認同的觀點是，生命起源於能自我複製的有機分子，最可能是胺基酸分子。而胺基酸是構成蛋白質的分子，且人類的每一個細胞主要是由蛋白質構成，因此蛋白質可說是生命的基礎。細胞的生理運作是由多種

蛋白質，配合某種特定蛋白質所組成的酵素，發生生化反應而生成的。細胞進一步演化出支配特定蛋白質和酵素組合的 RNA、DNA（去氧核醣核酸），而 DNA 是在細胞核內染色體，儲存著建構生命的基因密碼。演化出物質性的基因體，儼然即是累世的業因種子。所以遺傳物質如 RNA、DNA 能攜帶過去行為的痕跡成業力，但因眾生生命死亡後的物質會化學分解，對生物體而言，所有這物質性的業因種子並不會不變的持續存在。雖然眾生生命會透過生殖的方式，將攜帶累世業力的遺傳物質轉移給下一代，但這與宗教所謂的帶業因種子的賴耶識輪迴是不一樣的。依據《阿含經》教義，賴耶識是生命物種死後所留下的影子。這影子可以攜帶累世業因種子，遇緣而相應投胎，遇緣而種子產出現行。眾生生命子代染色體所攜帶的遺傳基因，是由父母的基因結合。雖可解釋物質性的過去垢跡，但卻無法說明身口意善惡現行業力的自種自受，與帶業輪迴的佛法教義。所以早期演化出現具遺傳物質分子的演化，只能說是業力的賴耶種子與三界眾生的「阿賴耶識」一起演化。至於因行為而有自作自受的業力薰習賴耶種籽，應

是演化出第六意識的分別四相（我相、人相、眾生相、壽者相）之後的運作。

物種生命的遺傳基因，要演化出能產生自作自受的賴耶影子的相應與輪迴，需要到神經細胞與神經迴路的演化，出現第六意識才開始。因此眾生賴耶識的投胎不是在精卵結合時，而應是胚胎發育出基本神經迴路脈動波時。前一世「物質有」死滅，而後一世「物質有」未生，這中間的「空有」需要有乘載的角色——則能量激發態的空間基本單元複雜聚合體應是乘載的主體，也就是說：前一世「物質有」的空間基本單元聚合體所誘發的就是眾生輪迴的**中有身**。西方科學家一般認為人死後不存在所謂的投胎轉世，但這並不表示這個人就真的完全從世界上消失。物理學家**愛因斯坦**在相對論中曾提到，人的靈魂可以視為腦電波。他認為，當人死後，靈魂或腦電波會轉化成一種能夠在空氣中飄蕩的記憶腦波，這些波動會不斷地向大氣層外飄蕩。在經歷宇宙射線輻射等過程後，這些波動可能再次回到人間，重新進入新生命的腦部，掌控著生命活動。因此，有不少西方科學家對人死後腦電波仍存在的觀點表示認同。量子

大師**薛丁格**雖已經知道細胞核中有染色體，但他認為這種大分子之所以能夠攜帶遺傳訊息，其秘訣是在量子理論。可惜他不知道空間的靈魂——「**空間單元**」的存在，否則人類靈魂的問題有可能在他的量子研究中解決。

　　依佛法《阿含經》的教義是「鬼神無處不在、無時不在」，如《長阿含經・卷二十》曰：「佛告比丘：一切人民所居舍宅，皆有鬼神，無有空者。一切街巷四衢道中，屠兒市肆及丘塚間，皆有鬼神，無有空者。凡諸鬼神，皆隨所依，即以為名。依人名人，依村名村……依河名河。佛告比丘，一切樹木極小如車軸者，皆有鬼神依止，無有空者。一切男子女人，初始生時，皆有逐神，隨逐擁護。若其死時，彼守護鬼，攝其精氣，其人則死。」所以無情法物質的識體，是無法轉變成眾生死後所依的有情識體。物質的識體是無垢的，與帶業力的有垢賴耶識體是不同的運作方式，雖然它們都是由空間單元（佛性）識體所形成的。然而賴耶識（腦電波型態）的帶業力輪迴，確實也是需要能攜帶業力種子的 DNA 遺傳物質，才能有投胎、轉生的機會。由此看來，構成眾生肉體能量型態的空間單元體

（報身，依他起性），是不同於構成靈體能量型態的空間單元體（法身，圓成實性）；當然也不同於眾生具分別意識的空間單元體，所構成的肉體腦神經迴路，呈現的社會化分身（化身，遍計執性）。

　　眾生的有情識體能否如**愛因斯坦**、**薛丁格**所預測的以量子態的腦電波存在，一直是物理與哲學熱門的研究問題。1889 年，美國工程師特斯拉在實驗裡發現地球的共振頻率約接近 8 赫茲，就是後來的舒曼共振（Schumann resonance）。舒曼共振的頻譜在 ELF 波段，頻率為 8 Hz 左右（這個值的說法很多，7.83 ／ 7.5 ／ 7.2 等），恰好人類大腦的 α 波與 θ 波也近於 7.8 Hz，哺乳動物腦裏海馬體的頻率是 7.83 赫茲，於是有人將舒曼共振稱為「地球的腦波」。所以有情識體的中有身，要以波動性存在是可能的。腦波（Brainwave）指的是當人腦內的神經細胞活動時所產生的電氣性擺動。由於這種擺動呈現波動狀態，因此被稱為腦波。它是由腦細胞產生的生物能源，也可以視為腦細胞活動的節奏。人類在任何時候，包括睡覺時，大腦都會持續產生類似「電流脈衝」的「腦波」。根據頻率的不同，

腦波可分為：β波（顯意識，14～30 Hz）、α波（橋梁意識，8～14 Hz）、θ波（潛意識，4～8 Hz）及δ波（無意識，4 Hz以下）和γ波（專注於某件事，30 Hz以上）等五大類。所以生命神經迴路的電波活動，可能會對周圍的空間單元引起共振，形成共振的相應空間單元識體；也就是眾生的**法身**是以與腦波共振的型態存在。

　　從人類的腦波來看，第六意識是透過神經組合的活動來支配身體的身口意，形成一個人的內外在的化身行為、情緒及學習上的表現。依《意識究竟從何而來》理論知道，意識心智的基本成分是醒覺狀態與圖像。前者依賴腦幹的神經核，後者依賴五根所感知的訊息，引起橋腦、腦島與大腦皮質的神經迴路所創造的地圖，以及轉換成的圖像。賴耶種子識，與染色體基因無絕對直接關係，只是會與基因所形成腦幹的神經迴路相關。眾生的中有法身的空間單元複雜聚合體，會與波頻相應的某胚胎基因體報身生命神經迴路共振（即投胎），形成胎兒的賴耶識，且這投胎的中有業力種子會影響胎兒報身神經迴路細胞的功能，包括開關其細胞基因的運作。在《白騾氏奧義書》（五，5.8）

的法教中說：「自我在心靈的虛空裡被覺知。此空間細如
拇指，然而，自我卻耀如日光。」，又如《白騾氏奧義書》
（三，3.13）說：「它細微如拇指，卻龐大若宇宙。作為萬
物最本質的存在，它居住在萬物的心中。它是知識的根源，
它藉著起伏不定的心念顯現自己。」所以從古老的宗教修
行體證，認為：自我是在身體的「細微如拇指」空間裡，
而這樣的說法也正符合人體生命中樞——橋腦與延腦的結
構。《意識究竟從何而來》中，提出與傳統和常規相左的
說法，認為心智不是只形成於大腦皮質中（page 92）。心
智最先是顯現在**腦幹**中。腦幹的上丘會產生 γ 波段的電震
盪，此現象被認為與神經元的同步活化有關。這也是大腦
皮質外，唯一有此電震盪的區域。而生命將盡時，一般判
定的腦死也是以腦幹活動的停止。當眾生於生命終時，橋
腦神經 γ 波波動停止時，共振識體會脫離生物體，以中有
法身漂盪於空間單元海。這眾生帶業力的中有識體，會以
自己的波頻擴散，以等待相應的生命體神經 γ 波波動，當
相應的諧振發生時，就是再投胎的時節。最近科學家為一
名患有癲癇的 87 歲患者測量腦電波時，患者心臟病發作，

危及性命，因此意外讓科學家有了垂死大腦的紀錄。結果顯示，在心臟停止搏動的前後 30 秒，這名男性病患的腦電波模式與做夢或回憶相同。（發表在「老化神經科學前沿」）

【13】
法身與生物的電磁波

　　三身，小乘佛法說佛具有的三種身：應身（變化身）、報身（受用身）、法身（自性身）。在《金光明經・疏・卷三》所載：「化身佛」有化身、父母生身、隨世間身、生身、假名身等五名稱；「應身佛」有應身、受用身、報身、智慧佛、功德佛、法性生身等六稱；「法身佛」有法身、自性身、真實身、如如佛、法佛等五稱。後來大乘佛法衍生出眾生即是佛，所以眾生也具有三身。依佛法教義：眾生此世所造身語意的業力，是由這一體的三身所決定。依前一篇文章知道，由染色體基因所生長的，是構成眾生肉體能量型態的生物體——**報身**。依著這生物體神經迴路發育，與周遭的物質環境、社會文化所陶冶的是社會化角色的——是**化身**。而依宗教理論、生物電磁理論，這物質的生物體會伴隨著存在它的電磁波「有」身——是**法身**。

這三身的差別可以從同卵雙胞胎的研究得知。一個同卵雙胞胎是有完全相同的染色體基因；而且是在母親相同的子宮環境長成的，所以他們的報身是完全相同的。若這兩個個體在不同的語言、文化國度成長，就很明顯地成為兩個不同社會化的化身。但若兩個同卵雙胞胎，出生後在相同的語言、文化環境下成長，仍可表現出不同的興趣、性格，甚至個體的基因潛能表現也有異；所以兩個體也是呈現不同的化身。化身，是人文、社會科學探討的領域；報身，是遺傳及生物科學的研究範疇；而有趣的法身，是宗教與量子科學活躍的天地。三身，也代表了眾生識心霎那的處於三界（欲界、色界、無色界）變換。三身的趨力：化身是欲望（欲界），報身是能量（色界），法身是信心（無色界，此與頭腦的認知不同，此**「信心」是指電磁波的共振**），是如三祖僧璨《信心銘》所言的言語道斷、心行滅處的「信心不二」。

　　一般是可以理解同卵雙胞胎（**報身**具相同遺傳基因）的兩個人，在不同的語言、文化國度成長將會型塑成兩個長相很像，卻差異很大的**化身**。但兩個同卵雙胞胎，在相

同的語言、文化環境下成長，仍會有不同興趣、性格及做事表現的**化身**，這是一般人不易了解的。而這個縱使有相同染色體基因的報身，可以發展成兩個差異的化身，也正說明**法身**的可能存在與影響。先從宗教的說法來討論法身的作用。在原始部派佛教的輪迴教義就有「四有」的說法，如《大毘婆沙論》。**四有**，由說一切有部論師提出，指有情眾生之輪迴轉生，一般可分為中有、生有、本有、死有四期。**本有**，是有情眾生由出生，一直到死亡之間的生存形態。**死有**，是眾生從死亡剎那，至中有出現的中間形態。**中有**，是眾生在死亡之後，出生之前的生存形態。**生有**，眾生的投胎剎那，至本有之間的形態。早期佛法在《阿含經》中，並未說到阿賴耶識。到了大乘經典出現，開始有「識」的思想，也漸漸有八識的說法。譬如雜阿含部的《央掘魔羅經》就曾經以無生際、三毒斷、煩惱斷、有餘斷、如來藏等等名稱說第八識。而瑜伽行唯識學派主要依據《解深密經》而提出「阿賴耶識」的學說。如來藏學派進而認為，阿賴耶識是三乘佛法的唯一所依之如來藏，此也稱為八識田、識田，稱其如同諸種子植入田中可育化萬有、業

報。玄奘大師精通小大乘經典，他形容阿賴耶識是「去後來先做主翁」的輪迴主體；但他的著作中並沒有討論四有與賴耶識的差異。理由可能是在四有的輪迴過程，這帶業種子的主體會因所處的時空而有異。只有帶業主體與萌芽的報身投胎結合後發揮藏識功能，才能稱為阿賴耶識。

依《阿含經》及唯識學，佛法把眾生阿賴耶識垢淨的差異，區分成三界（欲界、色界、無色界）與六道（地獄、惡鬼、畜生、人、阿修羅、天道）。眾生的三界輪迴依據，就是依其第八識（賴耶）帶業種子的垢跡粗重與否而定（可見第 6 章〈業力與輪迴〉）。而佛法的修行教義，也是依循淨化這帶垢業的識，而循三界轉生解脫。從佛法眾生的轉生觀點看，雖然同卵雙胞胎是具相同遺傳基因的兩個**報身**，但這兩位眾生的「**四有**」是不同的。這兩位眾生「**有**」（帶業種子）的主體應該是具有相近的福德資量，才能投胎到人道且相同的父母親緣。但因這「**有**」的業力種子有差異，雖然投胎擁有相同遺傳基因的報身（受用身），但其形成的兩個第八識（賴耶）帶業種子的垢跡不同，受用身的福德力因緣就不同。既然依佛法教義，眾生的三界輪

迴是依循帶業種子的垢跡不同，眾生的投胎依據（尤其是業力要表現所必需的遺傳物質）應要有相當的共同性。演化生物學指出：地球上一切生物彼此的相似性遠比相異性顯著，如生物都使用相同的遺傳密碼、所有細胞基本上是以同樣的方式運作著。微生物、植物、動物都是由同一個祖先細胞繁衍而來（《複製之謎》page 38）。從人類 23 對染色體（約有 32 億個鹼基）的基因來看，基因是存在染色體上，而且基因特別是指在 DNA 序列上，能夠表現出功能的部分。在人類的所有染色體上，約存在著 30000 個基因。有時單一個基因便能控制一種性狀的表現，然而，大部分的生理性狀，都是由一系列相關的基因一同調控而表現的。而有功能的 DNA 是占很少數，在各種哺乳類動物的基因組中，竟有 95% DNA 並沒有實際的功能或用途。人類基因組中，最新估計約有 10 萬個死亡的病毒基因。演化上，人類能夠閱讀、書寫和記憶生活中的點滴，是因為最初的魚類要登陸的過程中，受到了古老病毒的感染（《我們身體裡的生命演化史》page 198）。可見 35 億年的生命演化信息都記錄在 DNA 中，只是不同的物種開啟了不同的基因，發

展成不同物種的報身。

　　眾生報身「有」的存在，對宇宙的熱力學第二定律是很大的挑戰，尤其是生命。因為「有」是創造秩序而得的、是熵減少的逆定律方向；另外是生命複製能力，也挑戰遺傳信息的儲存與應用。在大自然裡，DNA 負責儲存遺傳信息。人體細胞的平均直徑是 5 到 200 微米，單一細胞的 DNA 可以包含一個人全部的信息：30 億對鹼基；雖然不同組織細胞的染色體都相同，但不同組織的基因表現不同，才發展成不同的組織。依據最新的研究，身體裡的 DNA 能存下整個宇宙的數據，有這點才能支持眾生在三界帶業輪迴所需要的條件。人類基因組研究發現：基因組中的有功能基因很少，只有 2% 區域中有蛋白質密碼。基因組有兩個區域：一是編碼蛋白質的基因；另一是安排哪種基因在何時應該啟動的「開關序列」。這種細胞中製造蛋白質程序的雙重組織特性，是所有基因組的共同特徵。動物、植物與真菌類都是這樣（《我們身體裡的生命演化史》page 106）。眾生報身所依賴的遺傳基因是有一定的穩定性；但佛法教義所謂自作自受的「業」是要能寫入基因遺傳的。

當前基因研究中最活躍和最具爭議的領域之一，是探究多細胞生物通過環境影響獲得的性狀是否可以遺傳給個體的下一代。除了確知環境可以影響真核生物中的基因表達，人類也可能將受環境影響的基因遺傳給後代（《遺傳學：從基因到基因組》page 512）。我們直覺的認定：身體基因指導的生物化學反應是因，行為是果；但這個假設過度高估了基因對我們生活的影響。因為我們常忘記「基因需要被外在事物或是自由意志行為所啟動」：不是我們被全能的基因所支配，而通常是基因要靠我們的支配（《23 對染色體》page 217）。由這生物學的結論來看佛法的教義，眾生自作自受的帶業輪迴是可以有依據的。至於眾生的報身所持的業種子，要如何投胎形成阿賴耶識、與如何在染色體間運作，這是宗教學、生物學與量子力學的研究話題。

早期的物理學研究者涉入生命科學領域時，對生命現象的思考常是結合物理學與生物學的知識。如量子科學家**薛丁格**在 1944 年出版的小冊子《生命是什麼——活細胞的物理學觀》中，提出了「生命的基本問題是**信息問題**」的觀點。但傳統生物學研究關注的是宏觀的物質能量系統，

忽略了人體內微觀的信息運動及其控制系統。也就是說：從物理學的觀點看，生命是以生物電信號為載體的複雜信息運作系統，而這論點也正符合《統一物理學》作者所提出的「**空間基本單元理論**」。以生物進化來說，進化實際上就是生物遺傳信息的變化；而遺傳的變異在本質上就是一種信息轉移過程。DNA 控制生命的複製是通過能量和物質無數次的交換來完成。這樣一個過程實質上就是信息的交流運動，且這種運動沒有邊界的限制，甚至可以跨越空間，影響其他的生命活動。由於**生物電磁波**可能可以用來解釋法身的存在與運作方式，因此以下介紹俄羅斯籍華裔科學家**姜堪政**博士的研究《生物電磁波揭密——場導發現》來說明。早在 1864 年物理學家馬克士威總結了前人和自己的研究，正式提出「**電磁場理論**」後，有電磁場知識的人都知道：電磁波像空氣一樣緊密地包圍著我們，影響著我們的生活（如電視、手機信號），甚至關係到身體的健康。當物理學家涉入生物的領域就提出了「**生物電磁場**」的概念。早期研究因儀器的限制無法探討這個微波領域，但百年後的實驗研究發現：生物電磁場與生命同在，甚至它可

以是生命的重要組成部分（《場導發現》page 55）。20世紀20年代，前蘇聯生物學家**古樂維奇**教授的洋蔥頭實驗發現：出芽洋蔥的生命活動竟然會影響，有一定空間距離的另外生物體。是這個著名的實驗讓人們看到了生物電磁場跨越空間的生物效應。姜堪政博士的研究就是依循這個研究成果而展開的。

1955年，姜堪政博士依據自己的研究提出生物信息場導理論來解釋古樂維奇的實驗：「有機體在生命活動的新陳代謝過程中，其分子之間必須有作為能量與信息傳遞的、統一的物質載體——生物電磁波的交換，即量子的交換。其中會有一部分生物電磁波向體外發射，它載有生理和遺傳信息，會作用到周遭的有機體，影響其生命活動，或者對其生命活動起著控制作用。」他的文章指出：DNA其實僅僅是記錄著信息的磁帶，實際傳遞信息的物質載體是生物電磁場。換言之，**生物電磁場是伴隨DNA活動產生的，反過來生物電磁場又能喚起DNA的活動**。靜止的DNA好像磁帶，是信息的保存形式（《場導發現》page 58）。姜堪政博士依據現代生物、物理學理論提出的生物信息場導

理論有幾個觀點（《場導發現》page 50）：

1. 依據量子理論，生物分子之間於新陳代謝的同時，能量以信息的形式傳遞，二者共同的、唯一的物質載體是量子，即電磁場。因此，分子之間傳遞生物電磁場。

2. 依據量子的波粒二相性，決定生物電磁場存在於電磁場頻譜的中間部分，即微波波段。即生物體分子之間傳遞生物微波。

3. 依據生物力學原理，生物體是太陽系能量開放系統，是自由能由高能態向低能態輻射傳遞鍊上的一個環節，因此有機體體分子之間傳能量與信息傳遞的共同載體——生物微波必然有一部分輻射出體外。每一個生物體就好比是一個小小的太陽，也好比是一個小小的無線電台。總之，生物體發射具有信息的生物微波，以此與周圍生物體相互聯繫與影響。

　　為了實驗論證「生物微波場導論」，姜博士於 40 餘年間先後發明數種場導設備。其基本原理，設備第一部分：「接受艙」放置場導源——生物體，即供體。此艙的功能是接受、聚焦、加強、調諧傳遞微波。第二部分：「處理艙」

放置被處理的生物體，即受體──接受場導源的生物微波。實驗證明，在特定條件下，生物發射的生物微波作用到異種生物，能夠促使其向著供體生物遺傳特徵方向改變其遺傳性狀，並且傳給後代。此表明生物微波載有遺傳信息，即生物發射生物微波遺傳信息並能夠被受體生物有選擇吸收，改變其基因的功能，因而產生遺傳變異。例如讓鴨子與可以孵化的雞蛋保持一定的空間距離，實質上是用不可見的、鴨子發出的生物場電磁微波，作用到孵化中的雞蛋，結果孵化出來的雞雛會具有鴨子的特徵，證明了雞變鴨的實驗具有可重複性（《場導發現》page 52）。他採用同樣的實驗方法與條件，用蜜蜂生物電磁場作用到果蠅，雄性果蠅喪失了生育能力；用家兔的生物電磁場作用到患腹水癌小白鼠，實驗組有 70% 得以存活，其中 50% 沒有任何腫瘤痕跡，而對照組在 7 ～ 10 天之內全部死亡。而這樣的實驗應用在植物也可以看到生物微波作用，如用小麥苗生物電磁場作用到發芽過程中的玉米種子，該種子長出的玉米株會有小麥特徵，而且可以保持這種變異的遺傳（《場導發現》page 52）。

　　早在 1911 年，英國的**華爾德・基爾納**醫生偶然的情況下發現圍繞人體周圍有寬 15 mm 左右的發光邊緣。到了 1939 年蘇聯工程師**基利安**夫婦在高頻電場中，發現活的人體周圍會以一定的節奏發出彩色的光環和光點；而當一個人死亡一段時間後，光環才會消失（《場導發現》page 82）。因此，後人就把他們的發現合在一起，稱為「**基爾利安輝光**」。原來每個人的周圍都存在一個微弱的電磁場，人體發光是一種生命現象，是對姜氏生物場導理論的驗證。這種「生命之光」會隨著年齡的增長而逐漸增強，到了中年以後又漸減弱。有趣的是研究者發現，北歐和北美人的輝光較亮，因為他們的生活水平較高；非洲和南美人的輝光較暗，是由於他們比較貧困。而這發現也與佛法稱業力所造成的福德資糧差異不謀而合。目前已經有開發的儀器可以測量人體的輝光，是用來判斷身心健康的一個窗口。姜博士認為生物電磁波是生物之間溝通的橋樑，所有的信息與能量的交換是通過量子來完成的。姜博士的研究顯示異種生物之間的生物電磁波會互相影響，甚至造成基因的變異且遺傳給後代。這樣的理論已經給了遺傳演化理論衝

擊，達爾文的物競天擇演化將受很大挑戰。難怪《纏結的演化樹》書中的資料顯示分子生物學推翻了演化論。

　　姜博士依據對異種生物間電磁波有作用的經驗，將這方法應用到疾病與養生的醫療領域。18 世紀以來，由於有很多疾病是正統醫療無法解決的，所以就有人開發依照身體電信號來代表能量的變化。把通過研究機體能量變化來研究疾病的知識稱為「能量醫學」。這領域陸續開發有溫熱能量、運動能量、輻射能量、電磁能量、超音波能量、微電流、磁力、電療等。值得一提的是，1950 年德國**傅爾**醫師發現人體有電能分布在每個細胞內外之間，其電磁頻率很低，但波長很長；而且此一電磁特性可以表現在人體皮膚上。傅醫師設計簡單儀器來測量人體身上「電能」變化的路線圖，竟然與中國的「經絡圖」相同。他發明了「傅爾電針」，開啟了電針治療的能量醫學。1973 年**曼戴爾**醫師利用克里安攝影術研究，發現人體最大的表面電荷聚集在手指與腳趾尖端，並分析這些指與趾能量放射光環的意義。這研究也與中國古老經絡學所說的相同。到了 20 世紀開始出現所謂的「量子醫學」，也開發了數種量子醫學儀

器和治療方法；但實際上我們並不確知量子醫學的定義與內容。目前在臨床應用「量子共振檢測儀」進行診斷與治療的技術被稱為量子醫學；而這主要就是偵測生物電磁波信息。姜博士提出生物微波場導理論並加以應用，應該也是屬於量子醫學的創新療法。如利用植物的幼苗作為生物電磁場的發射源，使人體接受其場導作用，結果可以改善人體健康、免疫功能等（《場導發現》page 205）。綜觀上述的驗證可知：生物電磁場對細胞功能以及對遺傳變異等生命活動有控制作用的機轉，是能夠攜帶生命信息能量的生物電磁波，跨越空間、影響了有一定距離的生命體的代謝功能。這完全符合現有的電磁波理論，如同電視機、手機發出來的圖像、色彩、聲音信息一樣，只能通過電磁波攜帶、跨越空間傳遞。有趣的是，這種「異種生物之間的生物電磁波會互相作用」的量子療法，可能與古老的巫醫靈療、或宗教儀式如招魂或收驚的治療，本質上都可能是生物磁場量子科技的應用。

眾生的電磁波**法身**（有情識體）能否如愛因斯坦、薛丁格所預測的以量子態的腦電磁波存在，一直是物理與哲

學熱門的研究問題。從姜堪政博士的理論與實驗成果來看，物理大師們的預測是存在的。生物存在「**有**」的電磁場是儲存了所有的信息，且會輻射出特有的電磁波與周遭交流信息。生物電磁場對 DNA 可以產生「**觸發信號**」作用。所以眾生在「**四有**」的輪迴過程，這「**有**」就是攜帶信息的電磁場，所攜帶的信息就是業種子。「**中有**」是投胎的主角，其業種子的信息決定了所擁有的福德資糧，也就是其可以投胎的法界與因緣。當有母體出現孕胎時，由母體與孕胎在當時的時空所呈現的電磁場，決定了可引起共振結合於空間中的「**中有**」，形成在母體胎中的「**生有**」。這「**生有**」是胚胎長成報身雛形的過程，是由「**有**」的業種子與胎體的遺傳基因結合（兩者電磁場的共振結合）成阿賴耶識主導的八識體。這段時期到出生，主要就由業的信息與遺傳基因決定身體肢體、器官與所伴隨的神經迴路的長成。這長成的「**生有**」在出生到母體外環境時，由於當下時空的電磁場與生有的電磁場結合成「**本有**」的八識體。在這環境下，報身的識體種子要遇緣而發長成其肉體報身與化身，這是以識體種子為因，外境為緣所塑造的（從唯識學

的觀點，外境也是因識田種子而有）。這時空的電磁場（如星座的電磁場）也可能影響眾生基因表現，這是算命師、星座大師的理論依據。在一生中「**本有**」的八識體會因自作自受的過程而變，種下業種子信息到八識田裡。所以宇宙間的電磁場與**生物電磁波**可能影響生物法身的存在與運作方式，而且這種影響基因的方式卻是傳統演化理論所未提及的。生物之間的生物電磁波互相影響，可能是「近朱者赤、近墨者黑」的原因；也說明長久相處的夫妻會有相似的外型的可能。最近的一篇報導：「澳洲一位 37 歲女營養師艾米，在 5 年前搬到新家後過敏、體態失調樣樣來，甚至還出現失智症狀，一度連自己名字都忘記，後續找出真兇竟藏匿床底。其實下方的地板早已被黑色黴菌完全覆蓋，艾米翻開平時睡的床墊，景象更是怵目驚心『床墊早已整個變成綠色』」。可能是很典型的生物電磁場效應。而隨著科技進步，有些產品能偵測出周圍的電磁波存在，如《特斯拉開進荒涼墓地，偵測器提示「滿滿行人」》、《母親忌日「冷氣偵測多 1 人」站身後！》，這些可能將來是法身領域的研究與了解的開端。

參考資料

- 《三藏法數》：「身即聚集之義，謂聚集諸法而成身也。所謂理法聚名法身，智法聚名報身，功德法聚名應身（理法聚名法身者，謂聚集法性之法而成此身也。智法聚名報身者，智即能契法性之智，智與法性相合而成此身也。功德法聚名應身者，由智契理，聚集一切功德之法，起用化他，隨機應現而成此身也）。」

- 〈愛因斯坦不想公開的秘密，游離腦電波（俗稱靈魂轉世投胎）〉。取自 https://kknews.cc/science/8lva94e.html

- 安東尼歐・達馬吉歐（2012）。《意識究竟從何而來》（*Self Comes to Mind*）從神經科學看人類心智與自我的演化（Constructing the Conscious Brain）。陳雅馨譯。台北：商周出版社，2012 年 4 月 12 日初版。ISBN 978-986-272-136-0。

- 〈業力〉。維基百科。取自 https://zh.wikipedia.org/zh-tw/%E6%A5%AD

- 〈四有〉【佛光大辭典】。取自 http://buddhaspace.org/dict/fk/data/%25E5%259B%259B%25E6%259C%2589.

html

- 〈臨終時大腦想什麼 科學家首次記錄到人生跑馬燈〉。中央社 CAN。取自 https://www.cna.com.tw/news/ait/202202240193.aspx

- 〈阿賴耶識〉。維基百科。取自 https://zh.wikipedia.org/zh-tw/%E9%98%BF%E8%B3%B4%E8%80%B6%E8%AD%98

- 姜堪政、袁心洲（2011）。《生物電磁波揭密——場導發現》2 版。北京：中國醫藥科技出版社，2011 年 1 月第 1 刷。ISBN 978-7-5067-4715-8。

- 李‧希爾佛（1997）。《複製之謎》（初版）。李千毅等譯。台北：時報文化。ISBN 957-13-2456-6。

- 尼爾‧蘇賓（2021）。《我們身體裡的生命演化史》。鄧子衿譯。新北：鷹出版。2021 年 8 月初版。ISBN 978-986-06328-8-0。

- 〈你身體裏的 DNA，能存下整個宇宙的數據〉。取自 https://img1.mydrivers.com/img/20220804/a945b176a33a4540b6a97ecacfecd5cf.png

- 哈特韋爾等（2020）。《遺傳學：從基因到基因組》。于軍等譯。北京：科學出版社。2020 年 11 月第三版。ISBN 978-626-318-025-3。

- 馬特・瑞德利（2021）。《23 對染色體》。蔡承志、許優優譯。台北：商周出版社。2021 年 8 月初版。ISBN 978-986-06328-8-0。

第四篇

八識的演化

　　《印度生死書 · 禿頂奧義書（一）1.1.8》：「梵是通過心念之力將自己顯現出來。起初，梵天（即金胎，是一切有情識的源頭）因創造的業力種子活躍起來而有識的初異熟能變；從這種子裡就誕生了**布魯納**（意為氣息、呼吸、生命，即指有異熟種子的**阿賴耶識**）。然後識再經次思量能變，從布魯納生出**末那**（意即宇宙心靈，即恆審思量的我執識，是具一元性的我痴、我見、我愛、我慢的四根本煩惱）。接下來末那識再經第三分別能變為六根（眼耳鼻舌身意）識。六根識面對外緣原質真如法生出了諸元素與物質，再就出現了現象世界諸法相。所以諸世界是因著諸業而來。只要有諸業，就會因遇緣而異熟，必會有諸多業

174

果。」

在部派佛教時期，對心意識三分理論多以六識或七心界立說。在大乘經典中，例如《般若波羅密多心經》，只提及六識。雖然學術界普遍接受了隋朝淨影慧遠和唐朝圓測的觀點，認為《楞伽經》最早提出了八識的說法，但對於八識說法是否起源於《楞伽經》仍存在爭議。在無著的著作《顯揚聖教論》中，曾提到八識。之後的發展中，護法論師等人在《解深密經》的一切種子識、阿賴耶識、阿陀那識等學說基礎上，建立了末那識學說，最終形成了八識學說。隨著玄奘依據世親菩薩的《唯識三十頌》著作《成唯識論》的出現，八識的名稱、次序與內涵都得到確立。明朝時傳有《八識規矩頌》作為成唯識論的入門。轉識成智是唯識學成佛理論核心，就是將作為眾生心體的妄識轉變成與「識」相對應的「四智」，也就是將以識體為所依轉變為以智體為所依。而所謂的「智」，是離開了能、所的二元對立，唯識宗將這種超越了世間的認知分為四種，是意識轉向的四種智慧，即成所作智、妙觀察智、平等性智、大圓鏡智，轉依之果便是大菩提與大涅槃。

　　宇宙的「存在」本體經演化陸續出現了八種具辨別能力的覺智，而人這種智慧生物同時具備了這八種能力。這八識菩薩功德圓滿轉成的八智，即是八大人、八佛。關於佛教著名的八大菩薩依據各經典的不同，有多種說法，但也可看出這些經典是談論演化而來的八識菩薩、八佛（《八佛經》、《八吉祥經》、《佛說天地八陽神咒經》）。依據《八大菩薩曼荼羅經》裡所稱八大菩薩分別為：普賢菩薩（眼識—色覺）、觀自在菩薩（觀世音菩薩，耳識—聲覺）、虛空藏菩薩（鼻識—香覺）、妙吉祥菩薩（文殊菩薩，舌識—味覺）、金剛手菩薩（身識—觸覺）、地藏王菩薩（意識—法覺）、慈氏菩薩（彌勒菩薩，末那識—主體覺）、除蓋障菩薩（阿賴耶識—業覺）。而眼、耳、鼻、舌、身、末那、賴耶等識是一元性的「依他起性」功德法用，只有第六意識是二元性的「遍計執性」功德法用。這地藏王菩薩主法的意識法界是虛妄分別的二元性，是落入我、人、眾生、壽者四相的染污法界——此即是世尊所謂的「地獄」法界。所以也就可理解為何地藏法門的修行會有「地獄不空誓不成佛」之誓言！這也可以知道：破四相的「金剛經」

的修行法門也必定是「地藏經」修行法教的核心教義。沙門釋敬定的研究：「於此，《地藏經》也契應於《金剛經》之宗旨：長在生死利眾生的關鍵——般若！菩薩這套長在生死而能廣利眾生的本領：除『堅定信願』，『長養慈悲』而外，主要的是如《金剛經》所提要的：『勝解空性』。」（〈《金剛經》與《地藏經》思想探微〉——圓照寺全球教育生命網 98 得渡鼓鐘）

　　既然科學研究，已經確認娑婆世界的眾生是透過演化而成的（至少生物界是如此），那麼唯識學所討論的眾生具有的八種覺識——眼、耳、鼻、舌、身、意、末那、賴耶，也應該可以用物理、化學、生命及演化科學來解釋。所以本書也以《統一物理學》的觀點，以及器官生命科學的知識探討八識的演化。

【14】
八識的演化（一）

　　依著佛法的教義：眾生存在的物質「**有**」，大都具備八識（眼、耳、鼻、舌、身、意、末那與賴耶）主導運作的三身（法、報、化）。要談萬物存在物質「**有**」報身的演化，應該也與構成物質「**有**」運作的主體「識法身」有關（因為化身是虛幻的）。所以從空間單元理論來談物質性「**有**」的演化，也即是要探討報身八識的演化。而空間單元理論理「**有**」的出現，是指原質與原人的誕生。依《統一物理學》來看，眾多夸克（$E_{1595819}$）**通過共享的結合體**其以激發態能量運轉的是「**原質**」（一切無情法、物質的源頭），而此眾多的 $E_{1595819}$ 相連接的 6 維封閉空間的結合體是「**原人**」（一切有情識、心靈、精神的源頭），而且這「**原質**」與「**原人**」是一體的存在於無色法界（可參見《統一物理學》〔四〕原質與原人的誕生）。現今宇宙的

種種物質都是由夸克（$E_{1595819}$）經物質間的作用力而結合成的。也就是說，夸克所構成的「**原質**」與「**原人**」是存在「**有**」的報身與法身源起。而且這「**有**」在不同能量環境（如溫度、作用力）中，依因緣法所表現的相對形態將成為它的化身如元素、水分子的（氣、液、固）三態。由《太極太玄體系》作者推演元素的演化過程發現，只有能依循五十四進制週期的三維立體結構才能產生穩定的新元素存在。從元素演化的週期規律可知，元素演化的方向是依循著自然法則的，包括原子核的初始條件、環境的宇宙常數與物理法則。而且這一重要規律可能就是「**宇宙全息重演律**」的基礎。

由《統一物理學》理論知道，地球高溫下形成最多的元素 H、O、C、N，在降溫的過程，元素透過共價鍵共享電子（電子共享——即是、正負、左右旋、陰陽能量的結合），就開始結合成分子如 H_2O、CO_2、CH_4、NH_3 等，並釋出化學能量以尋求分子「**有**」存在的穩定。在地球溫度持續冷卻的過程，不穩定的簡單分子利用共價結合成長鏈聚合物如碳水化合物、胺基酸、脂質等大分子，並釋出更

大量的化學能。這階段是由元素演化出簡單的分子，也是生命有機分子的演化序幕。這些元素、分子、大分子聚合物的演化形成過程，並不是混亂無序的，是依照不同溫度下的物理常數、分子間作用力等規律進行的。這是「**創造者**」（或稱上帝、佛性、空間單元）介入的那隻手操作的。雖然進入 RNA、DNA、蛋白質酶等大分子的演化，是屬於「**定向選汰**」的定向演化學，但環境因素磁場、溫度與濕度等仍然決定於空間中的空間單元，且影響著分子間的任何反應作用。（參見《2018 諾貝爾化學獎——化學的革命性進化：酵素定向演化》）所以在初級細胞生物出現之前，物質的演化都是以物理與化學的法則運作著。

　　從佛教唯識學的法教說：這娑婆世界的種種物質性「**有**」，都是從佛性（從空間單元理論：佛性即是空間單元）衍生而來的。而這「**有**」會演化出能緣的心靈「有情（眾生）識」與所緣的物質「真如（無情）法」。這眾生的「有情識」會因生存行為，將原本無垢的佛性識演化成有染污的眾生識（阿賴耶識）。唯識學說第八識（阿賴耶識）又稱藏識，具備有「三藏」功能——即能藏、所藏、執藏。依《八識規矩頌講記于凌波居士講述》內容：

阿賴耶識的三藏	佛法上的功德	眾生生物體的運作功能
「能藏」	是能持的意思，猶如倉庫，能藏一切米麥糧食。無始以來，有情所作一切善惡業的種子，唯有此識能為儲藏，此約其持種一面而說。	此功能即是眾生於環境中生存活動時，能產生影響染色體基因改變（可能包括突變、平行轉移等）的作用。
「所藏」	是所依的意思，猶如倉庫，為米麥之所依。此識是一切善染法所依處處，故名所藏，此約受識一面而說。能將業因種子遇緣而呈現緣起法，才是所藏的功德。	此功能即是眾生的染色體基因能依環境所需製造功能性蛋白質，以應付生存活動如細胞膜上的離子、糖分子等接受器，以及細胞內葉綠體、粒線體生產與代謝能量的蛋白質。
「執藏」	執是堅守不捨的意思，猶如米麥糧食為農家所堅守。此識被第七末那識執為自我，故第七末那為能執，第八阿賴耶為所執，故名執藏。從佛法上這功德是能將所藏的業因種子帶入下一次的輪迴中。	此功能即是眾生的染色體基因可以透過複製及遺傳給下一代。這也即是報身、法身的功能。

　　從眾生有情識要具備這三藏功德來看，物質性「**有**」要從核粒子（質子、中子、電子）演化成各種元素，再結合成各種分子。因為「**有**」要維持穩定存在的基本條件是「**能量**」，所以演化就是以生產或獲取能量，以及代謝能量為主軸。

　　整個宇宙能量的來源是星體（如太陽）的核子反應所發出的輻射光，所以生產能量的方式必定要能捕獲光子，並能應用它的能量如藍綠藻中葉綠體的蛋白質。有些蛋白質酶分子可以將分子中的元素（如碳 C）氧化結合成共價鍵分子（如 CO_2），也可以釋放出可利用的化學能量。這些演化成類似蛋白質的大分子可以說具備了「所藏」的功能，但「能藏」的功能必須再演化出可以聚集這些有功能的蛋白質於一體形成複雜一點的「**有**」；此「**有**」還必須具備能修復，或再製造這些代謝生存所需的大分子如蛋白質。也就是說，「能藏」的功能是在 RNA 或 DNA 等複製機制出現時的「**有**」才具備的。但在地球形成之初的惡劣環境中，沒有保護結構的「**有**」很容易受到摧毀。由於脂質類分子的疏水性質，在水中很容易就形成類似細胞膜的

圈圈，這功能也開啟了細胞個體的演化序幕。這種有利於增加穩定存活機率的演化，就已開啟物競天擇的演化機制。這樣子蛋白質與脂質的結合演化，「**有**」就可以發展出簡單無細胞核的單細胞個體（原核細胞）；但這種簡單細胞的蛋白質很容易受到化學反應的傷害，必須再從環境中獲得有功用的蛋白質。環境中若有很多胺基酸分子存在，就會促成可以結合胺基酸的核醣體（RNA）生成，這樣子的環境也可演化出各種核醣核酸分子。當有機會使無核的單細胞與各種核醣體（RNA）融合成一個或多個細胞聚集的聚合體時，這使新的簡單細胞能夠修補所受的傷害，而更能夠在環境中生存。而這也開啟了多細胞個體的演化序幕。這種有生存優勢的「有核醣體 RNA 的細胞」會發展出簡單的 RNA 複製，與單純的細胞質體分裂產生後代。這是早期原核生物如病毒、古細菌的演化出現的時期，也表示「執藏」功能的演化開始。所以從佛法觀點看，原核生物——這物質性「**有**」雖只具有報身，但已經開始具備三藏的功能，是屬於有情的「眾生識（阿賴耶識）」。在此之前的一切「**有**」都只是「真如（無情）法」。而動、植物的分

化是在原核生物進一步演化成真核生物後，才分開演化的。

從《統一物理學》知道，基本穩定粒子的電子、質子都是由 $638327600 = 400 \times 1595819$（$= (2\pi/\alpha)^3$）個空間基本單元組成，只是處於不同的能量激態（參考《統一物理學》〔二〕六大的誕生）。也就是說這 638327600 的空間單元聚合體，可視為電子或質子的報、法身。這電子、質子的法身是 6 維結構的電磁波場。氧、氮、水、二氧化碳等氣體分子，是以共享電子或質子的複雜 6 維結構體。當發生化學作用、光合作用等時，所需的電子、質子，可能就是直接從 6 維結構的「真空（充滿基態空間單元的空間）」空間單元體激發形成。化學反應中電子、質子的出現可視為投胎行為，而這是量子層級的輪迴。（參考《統一物理學》〔十二〕識與中有的演化）依物理學的原理知道，一個活動的電場，會伴生著一個活動的磁場，這是法身存在的基本原理。這種電場感應生磁場、或磁場感應生電場的能量體轉換，也即是最基本的「有」法身複製機轉。從質子、中子演化成元素過程，是利用夸克共享的強作用力與電磁作用力將空間單元的六維結構結合，所以這些元素的

184

法身是一體的，不易隨環境的化學作用改變。從「有」的法身演化來看，中子和質子的尺寸相仿，均在 2.5×10^{-15} m，這是費米數量級，是強作用力的範圍。原子的半徑約 100 pm，甲烷 CH_4 的氫鍵長是 109 pm，這是皮米（10^{-12} m）數量級，水分子（H 和 O 結合）的直徑還不到 1 個 nm（奈米 $= 10^{-9}$ m），蛋白質分子的大小約 1～20 nm，DNA 分子直徑為 2 nm 等是奈米數量級，是電子共享鍵結的有極性電磁作用力的範圍。一般病毒直徑在 0.1 μm 以內，紅血球的大小為 6～9 μm，細菌、單胞藻大小約 10 μm（10^{-6} m）、一般細胞的直徑為 10～100 μm，以及染色體的尺度等都是微米數量級，是無極性的空間角能量萬有引力的範圍。（《統一物理學》page 209）因為這幾個數量級間隔距離至少 10^3 m 以上，而且能量體之間的作用力與距離的平方成反比，所以電磁場（法身）作用力不同量級間的干擾很小。只有同等尺度數量級的「有」法身間會有相互影響，如蛋白質、DNA，甚至細胞間的電磁場都是奈米量級。（參見《統一物理學》〔三〕能量的空間分布與作用力的誕生）

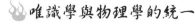

參考資料

● 于凌波居士講述。《八識規矩頌講記》。取自 http://
www.book853.com/show.aspx?id=1087&cid=91

● 〈【2018諾貝爾化學獎】化學的革命性進化：酵素
定向演化〉。PanSci 泛科學。取自 https://pansci.asia/
archives/335258

【15】
八識的演化（二）

　　依佛法教義說：佛性具備「覺性」的功德，是智慧之光。眾生識，雖是染污的佛性，但仍具備覺性的功德。《統一物理學》理論說：空間單元是光電磁波的傳遞載體，而電磁波即是物質能量的訊息，這即是「覺性」功能的主因。（《統一物理學》〔一〕永恆存在的主體）所以我認為：能傳遞光的空間單元即是有覺性的佛性。對佛性——空間單元來說，組成物質性「有」的空間單元聚合結構可以傳遞特有的光（電磁諧振波）的訊息，例如元素晶體、葡萄糖、血紅素分子等特定結構物質。這種佛法所謂的「真如（無情）法」的物質性「**有**」法身，即是一種無染污、無垢的佛性識，其傳遞的是物質特有的電磁諧振波訊息。例如細胞膜上不同的接受器，可以偵測膜外的葡萄糖、胜肽分子的法身電磁諧振波，產生訊息諧振而結合。這是在原

核生物演化出現以前的物質「有」真如法身的演化，特點是此真如法是無染污的佛性識，傳遞的光電磁諧振波是單純的特有性。當細胞形成後，細胞膜上出現多種功能性的蛋白質接受器，可以分別偵測細胞外的 H^+、K^+、Na^+、葡萄糖、胜肽等真如法分子時，就具備了「所藏」功能，也就是演化成了無染污的第八識心王；而且具備了「五遍行」識心所法功德。

　　世親菩薩《唯識三十頌》說：「初阿賴耶識，異熟一切種，不可知執受，處了常與觸，作意受想思。」這意思即是說：這眾生阿賴耶識具備「業因種子」，當遇到相應的外緣真如法，會緣起反應呈現「業果」。重要的是此識會伴隨著五遍行心所法：觸、作意、受、想、思。在原核細胞初演化有第八識功能時期，細胞膜隨時與外環境的物質（真如法）電磁場接「觸」。當細胞膜上的某一種接受器感受到相應的物質電磁場時，會產生共振性的吸引作用，此即是「作意」。膜上接受器與吸引來的物質共振結合是「受」。接著「想、思」是細胞內的工作；「想」，即是像，是在內部建立這物質（真如法）的特有像。「思」，

是內部依像而採取相應行動。也就是說，轉入細胞內的結合物也依著電磁場的傾向，轉移給細胞內相關代謝作用的蛋白質酶如葡萄糖、胺基酸等分子被分解氧化，將其中的C、H元素氧化而釋出化學能利用。此時物質電磁場的訊息傳遞都是單純物質特有的，是無染污的（即仍是不染污的覺性）。此時期的原核細胞，還沒有演化出融合粒線體、葉綠體等複雜的能量代謝，能量的利用只是簡單分子的化學反應。

由第八識的五遍行心所法知道，這是有情眾生生存活動時，由外而內的環境電磁訊息的傳導方式。可以預見的是，眾生「有」識體要進一步演化也是依循著八識的心所法方向一起配合發展。「觸、作意」方面，利用五種外緣塵境（色、聲、香、味、觸）的真如法刺激，演化出五根與識（眼、耳、鼻、舌、身）。「受、想」方面，演化了內部神經系統的第六根與意識。「思」方面，演化出主體「我」恆審思量的第七末那識。關於生物科學的研究，對於生物體五種感覺器官的演化，並沒有做明確的區分描素。而佛法的經典卻有明顯的說明由八大菩薩修行（演化）成

189

八佛，如《八大菩薩曼荼羅經》、《佛說天地八陽神咒經》、
《八佛經》、《八吉祥經》等。在《佛說天地八陽神咒經》
提到：「云何名八識。眼是色識。耳是聲識。鼻是香識。
舌者是味識。身是觸識。意是分別識。六根是六識。含藏
識。阿賴耶識。是名曰八識。明了分別八識根源。空無所
得。即知兩眼是光明天。光明天中。即現日月光明如來。
兩耳是聲聞天。聲聞天中。即現無量聲如來。兩鼻是佛香
天。佛香天中。即現香積如來。口是法味天。法味天中。
即現法喜如來。身是盧舍那天。盧舍那天中。即現成就盧
舍那佛。盧舍那鏡像佛。盧舍那光明佛。意是無分別天。
無分別天中。即現不動如來。大光明佛。心是法界天。法
界天中。即現空王如來。含藏識天。演出阿那含經。大般
涅槃經。阿賴耶識天。演出大智度論經。瑜伽論經。善男
子。佛即是法。法即是佛。合為一相。即現大通智勝如來。」
此經雖有真偽之辯，但將八識演化成覺佛的觀點，與其他
經典大致吻合。

　　而由佛法來看，第八識演化出其他七識時，重要的也
是相伴有其相應的心所法。而且這些心所法與行為的伴生，

也決定著眾生身口意的行為造業是善的，還是惡的。如前五識（眼、耳、鼻、舌、身）的心所法有：**五遍行**（觸、作意、受、想、思）、**五別境**（欲、勝解、念、定、慧）、**三根本煩惱**（貪、嗔、癡）、**善**有十一（信、慚、愧、無貪、無嗔、無癡、勤、輕安、不放逸、行捨、不害）、**中隨煩惱**有二（無慚、無愧）、**大隨煩惱**有八（昏沉、掉舉、不信、懈怠、放逸、失念、散亂、不正知）。所以在了解眾生報身的演化時，也應釐清心所法的訊息傳遞是如何建立的。因為從佛法的觀點來說，眾生的報身是業力的福德因緣所決定，如六道眾生的升降輪迴。由這觀點來看，這娑婆世界的眾生多樣性，雖是由業力所決定，但根本的因素仍是識所相伴心所法的行為作用。也就是說，從演化的觀點看，各識的**心所法**才是決定眾生多樣性的根本原因。如果這個論點是正確的，那麼染色體的基因中應該可以看到與心所法相關的基因。例如在《23 對染色體》中提到，智力基因被發現可能在第 6 號染色體長臂上的 IGF2R 片段有關（page 118）。提荷南（Jari Tiihonen）博士的團隊，自芬蘭的定罪罪犯收集資料，據信這兩種基因（MAOA 和

HTR2B）會造成侵略傾向。研究肥胖的貝特漢博士（Dr
Rachel Batterham）說，有顯性肥胖的「貪吃基因」FTO 的
族群就像是天生被設計成該多吃點，「他們的大腦就像是
被設定成會對高熱量食物有特別愛好一樣」。1999 年發現
的飢餓素（ghrelin）是一種胜肽激素，這種賀爾蒙與人體
進食量之間存在密切的關連性。這些都與心所法中的三根
本煩惱（貪、嗔、癡）有關，也是演化出其他心所法的基
本要素。

在《百法明門論》中說：「第二心所有法。略有
五十一種。分為六位。一遍行有五。二別境有五。三善有
十一。四煩惱有六。五隨煩惱有二十。六不定有四。」佛
法認為眾生的輪迴主要是由其心所法的業力牽引著，而不
是受個體遺傳基因主導。而這八識與五十一種心所法，形
成的種種差別識體，就是三界六道眾生多樣性的法報身。
眾生的法報身，會依遺傳基因與業力（識與心所法）建立
的神經系統中形成電磁迴路場。當眾生因身口意的行為養
成習性，所產生的電磁波場會疊加或干涉到原來法報身的
神經迴路的電磁波場。這就是建立業因種子的機轉。也就

是說，眾生在世間的行為造業，是利用電磁波場的**疊加或干涉**記錄到眾生識體與五十一心所法中。從物理學的角度看，電場、磁場都遵守疊加原理。識體中相同的心所法電磁波場是可以疊加的。當眾生身口意行為產生的電磁波場與某些心所法波場相應時，會產生共振而疊加，使得眾生原有的心所法波場改變而失真，這種失真就是佛法所說的染污的業行。所以這染污的業行（即疊加的波因子），就是業力種子，會記錄到眾生的識體的心所法中，決定著眾生的六道輪迴去處。雖然報身的染色體基因不是主要決定眾生的輪迴因素，但它卻決定著眾生的福報去處，也就是說如人生存在世間時，雖具有人種的染色體基因，但死時因心所法的業力染污影響著識體的福報，依著這福報可能轉投胎去天道、畜牲道、惡鬼道等，如有名的萬淇將軍（萬淇將軍— Wikiwand）。而生物的生殖細胞染色體基因，不易被腦神經系統的心所法電磁場疊加或干涉改變，所以是人生的後代是人的報身、老鼠的基因決定著老鼠的報身。眾生法身（腦神經迴路的電磁場波）的輪迴投胎，與報身的生殖系統遺傳基因結合的懷胎，不是絕對相關的兩條路徑。

參考資料

- 〈疊加原理〉。維基百科。取自 https://zh.wikipediaorg/zh-tw/%E5%8F%A0%E5%8A%A0%E5%8E%9F%E7%90%86

- 〈生物電磁波〉。百科知識。取自 https:// www.jendow. com.tw/wiki/ 生物電磁波

- 《佛說天地八陽神咒經》真偽辯。GetIt01.COM。取自 https://www.getit01.com/p201805292441931/

- 〈大乘百法明門論〉。取自 https://cbetaonline.dila.edu. tw/zh/T1614

- 〈萬淇將軍〉。維基百科。取自 https://zh.wikipedia.org/ zh-tw/%E8%90%AC%E6%B7%87%E5%B0%87%E8%BB%8D

【16】
八識的演化（三）

　　從唯識學的觀點，最被熟知的是「三界唯心、萬法唯識」。這個說法正確的意思是：眾生的「識有」緣起「時」，就存在它所依的法「界」；也就是說眾生是「有時界」一體存在。對眾生的存在法界差別而言，《顯揚聖教論》上稱：「界有二種，一、欲等三界。二、三千世界。欲等三界者，一、欲界，謂未離欲地雜染煩惱諸蘊差別；二、色界，謂已離欲地雜染煩惱差別；三、無色界，謂離色、欲地雜染煩惱差別。」而《大毘婆沙論》更有所謂：「七識住者，如契經說：『有色有情，身異，想異，如人、一分天，是第一識住。』身異者，謂：彼有情，有種種身，種種顯形，狀貌差別，故名身異。想異者，謂：彼有情，有樂想，苦想，不苦樂想，故名想異。如人一分天者，人則一切人，一分天，謂欲界天。『有色有情，身異，想一，如梵眾天，謂

彼初起，是第二識住的初禪天。」『有色有情，身（以第
六分別識為我）一，想異（此是我法分別境），如極光淨天，
是第三識住的二禪天。」『有色有情，身（大我）一，想
一（此是我法一如境），如遍淨天，是第四識住的三禪天。」
『無色有情，空無邊處具足住，如隨空無邊處天，是第五
識住的四禪天。」『無色有情，識無邊處具足住，如隨識
無邊處天，是第六識住。」『無色有情，無所有處具足住，
如隨無所有處天，是第七識住。」」這是佛法修行四禪定
者的體證法教。四禪定的修行包括：

（一）前加行

精進沙門，應受持諸戒、善閉根門、飲食知節、遠離
憒鬧。於空閒處靜坐修禪（《雜阿含經》卷 29 第八〇一
經）。離外五塵，達「言語寂滅」，即得初禪正受（《雜
阿含經》卷 17 第四七四經），而入初禪。

（二）初禪

五支（特性）：覺、觀、喜、樂、心一境性

有四地：一者五識身相應地。二者意地。三者有尋有
伺地。四者無尋唯伺地。

入初禪則斷外五塵，修離內五根，圓滿成就根識的功
德。

根識的弊病是：覺觀（尋伺）散亂。以「數息觀」對治，
成就專心一境。轉根識為「成所作智」。

修遠離內五根，可斷見惑三結（身見、見取見、疑見），
得初果「須陀洹」。或死亡後轉生「梵眾天」。或再深入
禪定，達「覺觀寂滅」，即得二禪正受（《雜阿含經》卷
17第四七四經），而入二禪。

初果聖人由於斷三結，絕對不會輪迴到惡道去，並且
最多天上人間來回七次生死，最後一生必證阿羅漢果。

（三）二禪

四支（特性）：無覺觀、喜、樂、一心

有四地：五者無尋無伺地。六者三摩呬多地。七者非
三摩呬多地。八者有心地。

入二禪則斷內五根，修離五根識，圓滿成就第六意識

的功德。

第六意識的運作是由，大腦的皮質區（意識分別作用）與邊緣系統（負責飲食、睡眠、性慾的生理衝動中樞）。是造成貪瞋癡、十惡業（身三、口四、意三）的主因。即此意識造作的惡業根本，是對五陰身的貪念所造成。故其對治應修三十七道品，成就戒定慧的功德。以「不淨觀」對治五陰身的貪念。轉第六意識為「妙觀察智」。

修遠離五根識，可斷見惑三結及前六品的思惑，得二果「**斯陀含**」。或死亡後轉生「光音天」。或再深入禪定，達「喜心寂滅」，即得三禪正受（《雜阿含經》卷 17 第四七四經），而入三禪。

與初果須陀洹相比，二果除了擁有初果的三個特質（斷我見、斷疑見、斷戒禁取）之外，再加上薄「貪、瞋」的特點。得斯陀含果的聖者，不會投生三惡道，其定力與修行也不會退失，至多在天界與人間往返一次，就可以得到解脫。

（四）三禪

五支（特性）：捨、念、樂、慧、一心

有七地：九是無心境地。十是聞所成（受）境地。十一是思所成（想）境地。十二是修所成（行）境地。十三是聲聞（二元性識）境地。十四是獨覺（一元性我執識）境地。十五是菩薩（一元性大我識）境地。

入三禪則斷五根識，修離第六意識，圓滿成就第七末那識的功德。

第七末那識有四根本煩惱（我痴、我見、我慢、我愛）。應修慈、悲、喜、捨的四無量心來對治。以「慈悲觀」對治末那識的我執。轉末那識為「平等性智」。

修遠離第六意識，可斷五下分結（貪、瞋、身見、見取見、疑見），名**離關鍵**（《雜阿含經》卷 15 第三八七經），得**無門**（《中阿含經》卷 54 第二百經）。得三果「**阿那含**」。或死亡後轉生「遍淨天」。或再深入禪定，達「出入息寂滅」，即得四禪正受（《雜阿含經》卷 17 第四七四經），而入四禪。

「阿那含果」的標準是斷「身見、戒禁取、疑、貪、瞋」，只剩下癡——無明；深層的我慢之類的煩惱尚未斷

盡。這一類的聖者他們不會再來人間了，最多往生天界後，即在天界成就解脫（阿那含的義譯即為「不還」）。

（五）四禪

四支（特性）：不苦不樂、捨、念、一心

有二地：十六是有餘依（依真如緣起的無我賴耶識）境地。十七是無餘依（白淨識）境地。

入四禪則斷第六意識，修離第七末那識，圓滿成就第八阿賴耶識的功德。

第八阿賴耶識的問題是，無明念想生滅如暴流。應修中觀的「緣起觀」及唯識的「無常觀」來對治念想的生滅。轉阿賴耶識為「大圓鏡智」。

修遠離末那識，可斷五上分結（色愛、無色愛、掉舉、慢、無明），得**聖智慧鏡、無生**。得「**阿羅漢**」。或死亡後轉生「果實天」。或再深入禪定，達「色想寂滅」，即得空入處正受（《雜阿含經》卷 17 第四七四經），而入空入處。

　　由上可知，四禪以上的第五、六、七識住是以第八賴
耶識為主體的無我執，故是無色界。三禪以下都是因有恆
審思量的我執（小我），而有染污的五上分結（色愛、無
色愛、掉舉、慢、無明），因此才有色身，是屬於色界，
也因此會落入有情識的輪迴。而三禪雖也有我執，但是我
法一如的**大我**，所以不再有因分別而造業，屬於**阿那含**聖
境的不還天、不再輪迴。也就是說，二禪的光音天**斯陀含**
聖者會落入因果的輪迴中。佛教傳說：人類的祖先是從光
音天人來到地球，所以從光音天下生，意思是欲界六道的
創生。（【光音天下生人間】《增一阿含經三十三》）。
因無色界不屬於物質性「**有**」，所以與基礎粒子形成簡單
分子、有機物，或細胞等的演化無關。然依空間單元理論，
這第五、六、七識住的近乎佛性識也可以是由空間單元某
種**非夸克形式**的聚合體構成。色界「**有**」（都是以**夸克聚
合**成基本粒子）的演化，是由異熟阿賴耶識的五遍行心所
法，演化出恆審思量的**第七末那識**開始。第七識遍行心所
法的「觸、作意、受」，是對第八賴耶識緣起真如法的法
相作恆審思量。與演化最相關的是阿賴耶識的「思」心所

法，演化出主體「我」的第七末那識。第七識所相應的心
所法只有十八個，與其他的三十三個心所法都不相應，其
中最重要的是四個根本煩惱（我癡、我見、我慢、我愛）。
「想、思」心所是內在的工作；「想」，即是相（像），
是在內部建立所對的外緣物（真如法）的特有相，即賴耶
業因種子遇外緣所起的相；此相非真如法的真如相，只是
依真如法的緣起相，如所謂的「一境四心」。這即是唯識
學所說的「三界唯心、萬法唯識」的道理。「思」，是內
部取相而採取相應行動。

第七末那識因第八賴耶識心所法「思」的作用演化出
四個根本煩惱心所法——我癡，因取的法相有業因無明，
非真如相；我見，執著有垢業因種子的緣起相為真如相；
我愛，對緣起法有貪著；我慢，是對緣起法有行動力，是
執法為我、我法一如的主因。末那識由五遍行心所、別境
的慧心所，與此四根本煩惱及衍生的八個大隨煩惱（昏沉、
掉舉、散亂、不信、懈怠、放逸、失念、不正知）演化結
構成**五上分結**（色愛、無色愛、掉舉、慢、無明；結，繫
縛、煩惱之義）的法界。從物質性「**有**」的演化觀點來看，

這乃是「所藏」的功能進一步演化出「能藏」的功能的階段。前面提到，由於脂質類分子的疏水性質，在水中很容易就形成類似細胞膜的圈圈，這功能也開啟了細胞個體的演化序幕。有細胞膜的個體有較大的存活機率。同樣的，細胞膜上的接受器蛋白分子受損後，能自行修護的才有更大存活的機會。這透過生存競爭的機轉（達爾文定律），漸漸演化出能儲藏生存所需的大分子副本的細胞群落為主要。也就是說在惡劣的環境中，適生存者能利用 RNA 或 DNA 等複製的「能藏」功能。這種有生存優勢的「有核醣體 RNA 的細胞」會發展出簡單的 RNA 複製，與單純的細胞質體分裂產生後代。這是早期原核生物如病毒、古細菌的演化出現的時期，也表示『執藏』功能的演化開始。同樣的，細胞生存分子的副本如果常遭損害，也將減少生存的機率，所以演化出能保護副本的細胞核的細胞族群將成主要的生存者。這時期的六根識分工的演化尚未明顯，要等到多個細胞聚集的多細胞個體的演化序幕才開始。此時期的原核生物如病毒、古細菌等，主要是第七、八識主導活動，特點是我執與我法一體的一元性行為模式，且這類

眾生沒有分別、不造業，所以識體法身不做輪迴。也就是說，這些病毒、古菌等細胞間常能互相融合（**水平基因轉移**），或交換生存所需物質如**粒線體、葉綠體**（**內共生作用**）。（見《纏結的演化樹》page 177）這也是後來演化出真核生物的原因。

最近的證據是，德克薩斯大學奧斯丁分校的研究小組與來自不同機構的合作者共同對數百種被稱為古細菌的微生物進行了基因組分析。研究結果顯示，真核生物（具有細胞核的複雜生命形式，包括全球所有的動植物、昆蟲和真菌）的起源可以追溯到一個共同的阿斯加德古菌祖先。動、植物的分化是在原核生物進一步演化成真核生物後，才分開演化的。而且在第七識五上分結法界中，動物性——偏重**色愛、掉舉、無明**，演化走代謝、分解方式；植物性——偏重**無色愛、慢、無明**，演化走結合、生成方式。所以往動物方向的演化，容易因色愛（我執）而演化明顯的前六根分別識，會產生內聚（我執）識體的輪迴；但植物是偏重無色愛（大我）的我法一體，所以不易起分別作用，也就不易演化出六根識，也不易形成內聚識體，所以

也就不會有輪迴。通過科學研究發現，我們星球上的所有生物在基因上都有某些相同之處，這是因為在數十億年前，我們擁有一個相同的單細胞有機體祖先，被稱為最後的共同祖先（LUCA）。最接近人類基因的應屬黑猩猩，相似度高達 96%，而常用來做實驗的小老鼠，相似基因也高達 90%。此外，還有牛、雞等常見的家禽、家畜，如牛的基因相似度達 80%，而雞為 60%，甚至是果蠅也有 60%，而最讓人驚訝的是香蕉，雖是屬於植物，同源基因也有高達 60% 的相似性。

　　由賴耶識的「受、想」心所法演化出第六意識，最主要的是建立緣起的法相（像）。這法相是五根及識緣外在環境的真如法，與賴耶的異熟因種子結合的果相。第六識最重要的演化，是要將這些果相做信息的整合、分別成具**四相**（我、人、眾生、壽者）的緣起法相，就如同生物「**有**」演化出神經系統建立內在的影像。演化至第六意識是會有我法分別的二元性行為模式，即是《金剛經》所說的落入**四相**（我相、人相、眾生相、壽者相）分別。也就是說，此第七識的我法一體的緣起相，在經第六意識而分別成能

205

取的我相與所取的外緣法果相（人相），就有了主客、內外分別。此外緣法果相經意識有遠近、高低、大小、長短、強弱……的分別而有眾生相，同時也建立了空間相。此眾生相經意識追憶分別，而有法相的前後相續，此即有了壽者相，也即建立了時間相。第六識是依意根起，故名意識。在三界的活動裡，八個識之中表現力最強的就是第六識。由於第六識與五十一個心所無不相通，故具強烈造業的功能，建構了**五下分結**（貪欲、瞋恚、身見、見取見、疑見）法界。使眾生識體有了善、惡、無記的染污，造成識體在三界中流轉生死。由此可知，第六識所面對的緣起果相，並非是外緣的真如法實相。

《解深密經‧一切法相品》說：「謂諸法相略有三種，何等為三，一者遍計所執相，二者依他起相，三者圓成實相。」（此中的相字，在此作性字解釋）。前五識是面對外緣的真如法，所以是依他起性；第六識是面對有染污分別的果相，所以是遍計執性；第七識面對的是有染污帶質的無分別果相，也被認為是依他起性。所以《八識規矩頌‧前五識頌》說：「性境現量通三性，眼耳身三二地居，偏

行別境善十一，中二大八貪嗔癡。五識同依淨色根，九緣七八好相鄰，合三離二觀塵世，愚者難分識與根。變相觀空唯後得，果中猶自不詮真，圓明初發成無漏，三類分身息苦輪。」即是說前五識所依的眼等五根是無染污的，而且五根所緣的都是真如法的性境。其中眼耳身三識，在色界與欲界眾生都有可能演化；但鼻舌兩識只在欲界（五趣雜居地）有演化。從演化觀點看，前五識是要攫取識體外在（環境）與內在（器官組織）訊息，就如同周邊神經系統與自律神經系統的演化。而第六意識是要演化出能整合這內外的訊息，就如同大腦及中樞神經系統。這也是第六識具備所有心所法的原因。

參考資料

● 于凌波居士講述。《八識規矩頌講記》。取自 http://www.book853.com/show.aspx?id=1087&cid=91

● 馬特・瑞德利（2021）。《23 對染色體》。台北：商周出版社。2021 年 11 月第三版。ISBN 978-626-318-025-3。

- 五上分結【佛學大辭典】。佛教詞典。取自 http://www.fodizi.tw/

- 五下分結【佛學大辭典】。佛教詞典。取自 http://www.fodizi.tw/

- 〈佛學大辭典・光音天下生人間〉。維基文庫。取自 https://zh.wikisource.org/zh-hant/

- 大衛・遠曼（2022）。《纏結的演化樹》。台北：貓頭鷹出版社。2022 年 7 月。ISBN 978-986-262-558-3。

- 〈看完不敢吃了？香蕉和人某些同源基因竟有六成相似：小老鼠更高！〉。快科技。取自 https://news.mydrivers.com/1/891/891698.htm

- 〈科學家發現複雜生命起源的新線索：我們都是阿斯加德人〉。cnBeta。取自 https://www.cnbeta.com.tw/articles/science/1373755.htm

【17】
八識的演化（四）

　　由人類的第六意識的運作來看，大腦的皮質區（意識分別作用）與邊緣系統（負責飲食、睡眠、性慾的生理衝動中樞），是造成貪瞋癡、十惡業（身三、口四、意三）的主因。即此意識與五十一心所法構成的黑白法，是造作善惡業的根本。由佛法教義知道，眾生輪迴開始於第六意識的形成，依著見思惑的染污偏重輪迴六趣投生。第六意識是受**五下分結**（貪欲、瞋恚、身見、見取見、疑見）形成的法界所束縛。這主要的黑法是見惑三結（身見、見取見、疑見），與欲界九品思惑（即貪瞋痴慢疑等五煩惱），尤其是識體對五陰身的貪念（即薩迦耶見）。由教義知道第六意識的心所法造黑白業，這業力會演化出欲界的六道眾生（天道、人道、阿修羅道、畜生道、惡鬼道、地獄）。而且這六道眾生演化的差異也是由見思兩惑心所所主導，

如天道特質是慢心重，人道是薩迦耶見與貪欲心重，阿修羅的特性是疑心重瞋心大，畜生道是痴心重，餓鬼道是慳吝貪心，地獄眾生是瞋心重。由業力的黑白法及各道的煩惱偏重，可以知道眾生造業輪迴的趨勢。眾生如染下品思惑是屬於黑法重，傾向於投胎三惡道（畜生、惡鬼、地獄）。眾生染上品思惑是白法輕，傾向於投胎三善道（天、人、阿修羅）。這道理也是釋迦摩尼在世時，常可由修行人識體的黑白法，授記修行人的輪迴與果位。白法與黑法的心所法，都因為有我執染污，必然會造作業力，有業力的識體就無法避免輪迴。眾生若有四相（我相、人相、眾生相、壽者相）分別，且六根識追尋心外塵境，則必然落入欲界，輪迴浮沉於六道也是必然的。前五識與第六識是分別識，是識體的第三能變——分別能變；也就是說，識體演化出更能分別外在環境傳入的訊息。

由上篇了解**人道**第七識由心所法進一步演化，「觸、作意」方面，利用五種外緣塵境（色、聲、香、味、觸）的真如法刺激，演化出五根與識（眼、耳、鼻、舌、身）等周邊感覺器官與神經傳導。「受、想」方面，演化出第

六根與意識來建立內部影像的腦與中樞神經系統。由於五根與識是依他起性（面對真如法）演化，所以演化只受二十四心所法主導。但第六根與意識是遍計所執性（面對緣起虛妄法）演化，所以演化會受所有五十一心所法主導，如大腦皮質的意識分別與邊緣系統的情感生理反應控制。從物質性「**有**」的演化觀點來看，單細胞是以胞膜上的接受器蛋白分子傳遞環境訊息。但進入多細胞個體的演化階段，為了傳遞外界不同訊息，就會出現不同細胞的特化與組織架構，如有些細胞膜分化成神經細胞，利用膜上離子通道的功能做快速訊息傳遞。有些細胞組織特化成接收特殊外界環境刺激的功能，如視覺的感光細胞、嗅覺的接受器細胞。那麼六道的創生次序如何？六道雖是虛幻的，但佛法教有【光音天下生人間】的傳說，而且有所謂「在世間成佛」的說法。這意味著六道的最開始創生是——人道，而且要修行除去染污的業因，主要也是要從人道。最重要的原因是人道演化出第六意識的腦神經系統，才能創造出眾生電磁波場的法身「**本有**」，而這也才是輪迴開始的主體。（見《統一物理學》〔十二〕從空間單元理論談：法

身與生物的電磁波）在環境中，報身的識體種子會遇緣而發成長為其化身的「**本有**」，這是以識體種子為因，行為外境為緣所塑造的（從唯識學的觀點，外境也是因識田種子而有）。當眾生因身口意的行為養成習性造成業力，這機轉是因為行為產生的電磁波場，**會疊加或干涉**到原來法報身的神經迴路的電磁波場。也就是說，眾生在世間的行為造業，是利用電磁波場的**疊加或干涉**記錄到眾生識體與五十一心所法中。（見《統一物理學》〔十三〕〔二〕）因為墮入欲界，是以人道為入口，所以著薩迦耶見是六道普遍的染污。

　　人道，因為識體演化偏重薩迦耶見（身見）染污，所以會利用第六意識建立自己影像，如腦神經系統。《意識究竟從何而來》作者認為單純圖像所產生的心智是無意識的。這需要有個主體性的——「自我」，而這主體性的定義特徵是：普遍存在於我們主觀經驗到的圖像中的感覺（即所謂相伴於心王而起的心所法）（page 18）。作者認為：自我有許多層級包括原我、核心自我、自傳體自我。《意識究竟從何而來》作者認為建構意識心智的基本成分是覺

醒狀態和圖像。腦部是在透過清醒的心智中，應用圖像產生自我過程而建構意識。就覺醒狀態而言，它乃是依賴腦幹的神經核群——「上行網狀活化系統 ARAS」（ascending reticular activating system），持續放電至視丘的板內核，而此神經核又接著放電到大腦皮質等廣大區域（page 283）。這些神經核運用神經以及化學的迴路，使腦幹建構成「原我」圖像和伴隨大腦皮質的警覺性要不是降低（產生睡眠），或是加強（產生覺醒狀態）（這也即是第七識相應的八大隨煩惱心所法——掉舉、昏沉、不信、懈怠、放逸、失念、散亂、不正知）。所以腦幹的覺醒狀態神經核，在解剖學上是接近腦幹的原我神經核群，而且這些神經核群是主要參與自律神經系統及生命調節工作。生物的「**有**」從神經學的角度來看，是演化的力量帶給了生命不同類型的腦。科學研究者發現，生物早在擁有心智（即核心自我和自傳體自我）之前，就已展現高效率並具適應力的行為，這些行為不管從哪個角度來看，都類似於擁有心智與意識活動的生物所產生的行為。事實證明完全無腦的生物，即使低等的單細胞如變形蟲、草履蟲，似乎也能展現有智力、

有目的的行為（page 44）。

而許多昆蟲雖沒有明顯的腦組織，卻也能出現需有複雜心智的社會化行為。所以，生物行為在簡單生命形式組成的世界裡，雖缺乏心智與腦部，它們仍可以無意識、無心智活動的方式做出適當反應的行為（即能處理基本生命活動調節的原我）。由這些簡單生命物種的行為知識知道，識體的「受、想」演化第六意識早期，不必然已經演化出明顯的中樞神經系統。《意識究竟從何而來》作者依著證據所提出的理論，是在演化的歷史中找尋自我和意識的先趨。在單細胞及低等無神經組織生物，其對生存的「渴望」、「意願」使它們擁有一種在行為上的『態度』，這種稱為「**意向性**」生命管理模式。而多重組織生物因有形成圖像功能的神經網絡聚合—離散區（concergence-divergence zonez / regions, CDZs / CDRs）的神經迴路及腦組織的演化（page 167），這種稱為「**圖像性**」生命管理模式。在更高級的哺乳類如人等，則將「意向性」與「圖像性」生命管理模式結合，而產生出更有優勢的記憶、語言、反思和推理的功能。意識心智的演化是從最簡單的「意向性」

生命管理模式，把這種「意向性」轉換成「原始感覺」（即意識演化出伴隨的心所法）的呈現。意向性的「原始感覺」擁有個明確的特質，一個價（valence），位在介於愉悅和痛苦之間的某處（page 215）。「原始感覺」是生物體與外界互動所形成的所有感覺的基礎，是所有情緒感覺的原始樣態。重要的是，「原始感覺」是由意識心智的原我所產生的。

　　作者認為「原我」是建構「核心自我」必須的跳板，它是需要演化出大量不同神經模式的整合體（這兩者構成是由染色體基因決定，相當於報身）。而這些「意向性」生命管理神經模式，會時時刻刻地將生物體結構的最穩定面向（即「內部衡定」internal homeostasis）繪製成地圖。「核心自我」建構的重要性是心智中主角的建立。由「原我」中身體地圖的「感覺門戶」訊號出現（如「聽」到鐘聲、「看」到鐘聲）與對象間的觀點，營造出「能感覺與被感覺」的二元性對立關係，就在心智的內容中取得一個主角──「物質的我」。（page 235）所以固定在「原我」與其原始感覺中的「核心自我」機制，乃是產生意識心智的核心機

制，而人類的「自傳體自我」（這構成了化身）也只能透過核心自我機制建立起來。「自傳體自我」的自傳內容，即是個人記憶、過去生活經驗和為未來做計劃的總和。「自傳體自我」是一種以有意識的方式呈現自傳，但被學習知識、歷史文化和社會經驗所塑造著。神經系統的演化看來是，先構成「原我」生命中樞的自律神經系統；再次是構建更多訊息的「核心自我」，包括五根與識的感覺器官及周邊神經系統；最後是意識中樞——「自傳體自我」的大腦。所以構成生物「有」的整體神經網絡活動（包括原我、核心自我、自傳體自我），所形成的電磁場波即是法身。既然前五根、識與第六意識的造作業力，是眾生輪迴投胎的主因，那麼眾生遺傳基因所構成的法報化三身，就應該具備業力所主導的資糧差別。《瑜伽師地論・卷二十九》就舉出眾生的四種資糧，即：（一）福德資糧，謂由宿世修諸福德，於今生獲得豐饒財寶，遇善知識，離諸障礙，能勤修行。（二）智慧資糧，謂由宿世修習智慧，而於今生聰慧明敏，解了法義。（三）先世資糧，謂由宿世積集善根，於今生諸根完具，家財富足。（四）現法資糧，乃

今世修習之福智資糧，謂於今世有善法，故善根成熟，具戒律儀。這些都與遺傳基因的報身，能表現的硬體（身體結構）與軟體（人格特質）有關。

　　看來眾生「**有**」的「**本有**」（由遺傳基因所構成的法報化三身）已經是有由業力主導的軟硬體差異，再接受外來「**中有**」的輪迴投胎是非必要的。但如果有四大資糧相應的外來「**中有**」身，透過識體與心所法的法身電磁場波共振疊加，投胎是可以發生的。所以眾生「**中有**」身的投胎困難，佛法中有「**盲龜浮木**」（出於《雜阿含經 · 卷十五》）的比喻。這胚胎時節神經迴路的心所法電磁場，被相應的外來「**中有**」電磁波場疊加投胎，應該會改變遺傳基因的表現，因為會受投胎的「**中有**」識體帶來的業力影響。（見《統一物理學》〔十三〕法身與生物的電磁波）同時受胎時的「**本有＋外來中有**」識體控制遺傳基因表現，也受當時時空的能量磁場影響著。這也應該是出生時辰可以推算命運、星座影響人格特質的理論依據。但識體電磁場疊加的發生，也不必然只在胎兒出生的時節。佛法的法教中就有這某些時節，也會發生識牽、奪舍的行為，又如

社會事件中乩童的神靈附身、魔神仔（芒神）的惑人，以及常見的託夢事件。眾生的三身都會被其他眾生的三身所影響，這是一種烙印作用，例如有人在路上，突然被狗吠，可能因為你身上有其他狗的氣味。其實這是一種報身烙印作用，狗會在某些周遭的人身上留下氣味，這是牠選定的地盤。宗教靈界也是一樣，某些人常在寺廟、道場、教會活動一段時間，會發生法身烙印作用（即電磁場波的某部分被以相應的波疊加），這印記在靈界是宣示作用的。某些宗教團體的教主，背後的主靈法身也有這種能力，利用法身印記吸引有緣人（或稱氣味相投）的加入信徒行列！化身烙印更常發生在社會上的職業、社團、文化、藝術等活動中。

　　從法身輪迴與生物電磁波效應的觀點看，物種演化過程中，當最能適應生存的物種成大多數時，其最有效的感覺器官、身體組織（如五根與識）基因活動，會經由相互輪迴投生與生物電磁場作用，而快速的在各物種間演化開來。

參考資料

- 〈X0805 百法明門論直解〉。 取自 http://buddhism.lib. ntu.edu.tw/FULLTEXT/sutra/10thousand/X48n0805.pdf

- 〈四種資糧〉【佛光大辭典】。取自 http://buddhaspace. org/dict/fk/data/%25E5%259B%259B%25E7%25A8%25A E%25E8%25B3%2587%25E7%25B3%25A7.html

- 《佛說四十二章經講記》「盲龜浮木」。取自 https:// web.tnu.edu.tw/me/me-htdocs/tutor/files/42ch/4243.html

- 遷識法（頗瓦法） Garchen Dharma Institute

- 〈奪舍〉。維基百科。取自 https://zh.wikipedia.org/zh- tw/%E5%A5%AA%E8%88%8D

【18】
八識的演化（五）

　　五根與識依第八識的「觸、作意」遍行心所法演化，除了人與畜生道有物質性「**有**」的報身，其他如色界、天道、阿修羅、餓鬼與地獄道眾生的報身識體，即是以電磁場波法身存在。初禪以上色界眾生，因斷外六塵，修遠離六根，斷見惑三結（身見、見取見、疑見），雖仍有六識，但六根傾向不演化，故不受外緣的染污。天道眾生，識體的見思惑染污較薄，六根識受業力障礙小，成就的功德較大。但愈下等的眾生（如畜生、餓鬼）染污厚、痴性重，六根識受業障大，成就的功德小。經書記載天道眾生會有五種神通，即天眼通、天耳通、他心通、宿命通、神足通。但天道眾生五根識神通功德也受業力限制，即為見思、無明所障。欲界眾生利用五種外緣塵境（色、聲、香、味、觸）的真如法刺激，演化出物質性「**有**」的五根與識（眼、耳、

鼻、舌、身）等周邊感覺器官與神經傳導系統。而且六道
眾生所受的無明業障不同，對真如法的功德用認知也不同，
如唯識家常說的「一境四心」，水這真如法是「天見寶莊
嚴，人見為清水，魚見為窟宅，鬼見為膿血」。其實用「神
通」來說明天道的六根功德並不恰當，這只是用來鄙視人
道的根識功德差而已。重點只是因為天道眾生的無明業障
薄、明覺的功德就大一點。然而天道的神通並無助於人道、
畜生道等，原因還是因緣業力的自作自受。而且各道眾生
因識心的緣起法不同（即唯識法中各道眾生對相同真如法，
會有不同緣起法，即如「一境四心」），應是天道眾生大
都也不知有人道等，且彼此天眾之間也只會說：「彼視力
好一點、此聽力差一點」，並不知彼此有神通。《舌尖上
的演化》作者也說：「豬的大腦內建對松露香氣的喜好，
但狗的大腦缺乏這種設定」（page 95），這即是佛法唯識
理論的精髓。再者天道的神通，也有無法跟人道相比的，
尤其是鼻舌功德方面。當然人、畜生道這鼻舌功用的染污，
也是加重見思惑業行的原由。

　　《八識規矩頌‧前五識頌》說：「性境現量通三性，

眼耳身三二地居，徧行別境善十一，中二大八貪嗔癡。五
識同依淨色根，九緣七八好相鄰，合三離二觀塵世，愚者
難分識與根。」也就是說，五根識面對外緣真如性境訊息，
演化除了依循五遍行心所法（觸、作意、受、想、思），
也演化出相伴的其他心所法：五別境心所法（欲、勝解、念、
定、慧）、三根本煩惱（貪、嗔、癡〔無明〕）、善十一（信、
慚、愧、無貪、無嗔、無癡、勤、輕安、不放逸、行舍、
不害）、中隨煩惱二（無慚、無愧），以及大隨煩惱八（昏
沉、掉舉、不信、懈怠、放逸、失念、散亂、不正知）。
五識自己單獨相應的心所法只有五遍行、五別境和不定心
所法中的眠、尋和伺，共是十三個心所法；其他心所法是
依意根主導才能善惡的現起，共有二十四個。這也符合
目前生物五種感覺系統的演化，眼、耳、鼻、舌、身等周
邊感覺器官的神經傳導系統，是以接受與傳遞外境信息為
主。而其五遍行與五別境心所法，是建構演化過程中「原
我」的訊息解讀與生命調節工作。《意識究竟從何而來》
作者也認為「意向性的『原始感覺』是生物體與外界互動
所形成的所有感覺的基礎，是所有情緒感覺的原始樣態。

重要的是，『原始感覺』是由意識心智的『原我』所產生的。」（page 216）另外心所法中的昏沉、掉舉、眠、尋和伺等，都是依賴腦幹被蓋部（tegmentum）和下丘腦中的神經核──「上行網狀活化系統 ARAS」（ascending reticular activating system），持續放電至視丘的板內核，而此神經核又接著放電到大腦皮質等廣大區域（page 283）。這些神經核運用神經以及化學的迴路，使腦幹的「原我」結構和大腦皮質的警覺性要不是降低（產生睡眠），或是加強（產生覺醒狀態）。而依意根識參與主導善惡情緒心所法，則是建構更複雜的心智（即核心自我和自傳體自我）。

　　具物質性「**有**」的生物眾生在演化方面，每種感官都是為了使眾生能適應生活環境而發展出來的。這是因為各類的眾生物種，面臨生存環境不同，對感官的演化需要也不同（即對五根識與相伴心所法的演化偏重也不同）。像鼴鼠長期在地下活動，因此不需要良好的視覺。不過，為了尋覓地下洞穴牆壁鑽出來的蠕蟲為食物，牠發展出非常敏銳的鼻子，利用嗅覺和觸覺來找尋食物。《意識究竟從何而來》認為：身體的感官（如眼、耳、鼻、舌、身）及

其周圍之組織，這樣一整套的身體結構構成了所謂的「感覺門戶」。「外部指向之感覺門戶的地圖」扮演著雙重角色，第一重是觀點的營造（是自我的主要面向），接著是心智質性面向的建構，即是包括了主要感官（如眼、耳）及感官周圍之身體結構的互動資訊。位於圖像製作資料蒐集處附近的感覺門戶，提供一個心智與對象相關的生物體觀點。因這是屬於生物體結構，故也是屬於「原我」（page 227）。在演化早期的單細胞及低等無神經組織生物，其對生存的「渴望」、「意願」，是使用「意向性」生命管理模式，這是「原我」的運作方式。而多重組織生物因有形成圖像功能的神經網絡聚合—離散區的神經迴路及腦組織的演化（page 167），這種稱為「圖像性」生命管理模式，是「自傳體自我」的運作方式。如人類腦部是運用聚合—離散的神經迴路構造，將意向空間中的編碼知識訊號轉變成圖像空間中明確、解碼的展示。『原我』的神經學機制大部分位在腦幹層級，而構成『自傳體自我』的圖像記憶是在大腦皮質，透過此處的工作空間協調記憶的召喚機制。

　　從生物的感覺器官（五根識）演化來看，感覺訊號的

傳達對於動物的生存和繁衍至關重要。聽覺、視覺、嗅覺、味覺和觸覺是眾所周知的感覺系統，也是大多數動物所擁有的。舉例來說，許多水生生物，像是魚類，也會發出「叫聲」，以求偶或守衛領域，因此，魚類的聽覺成為其生存的重要感官功能。此外，魚類還具有視覺、嗅覺、味覺和觸覺等感覺系統，一些魚類甚至擁有發達的側線，用以感知水中的壓力和流速，有助於在群游時節省體力。一些特殊的魚類（如鯊魚、象鼻魚、鯰魚）以及澳洲的鴨嘴獸和食蟻獸演化出電流感應器，用以偵測水中電場的變化，從而感知環境中同種或異種之間的訊號，或偵測環境中物理和化學因子的變化。從環境（六塵）的訊息來看，色光與音聲來自遠距的物理性訊息，主要可提供的是輻射能量的利用；而香氣、味道與觸感是近距離的化學性訊息，提供的是利用化學能量機會。例如，在航太科學領域的研究中發現，太陽光中波長為 5000 ～ 14000 nm 的遠紅外線（通常被稱為「生命光波」），其波長與生物體所發射的遠紅外線相近。這被視為對生物體極其重要，能有效地促進動植物的生長。可以得知，這些生物的感覺系統信息是依賴

於「生物電流」的傳遞。所謂「生物電流」指的是在身體內維持生命運作的過程中產生的電流，透過神經纖維細胞傳導訊息，調節身體組織和器官的運作。這包括了我們有意識的行為（例如說話、走路、聽音樂……），以及無法以意識控制的生理活動（例如呼吸、心跳、腸胃蠕動、細胞間的物質傳輸……）都是透過生物電流的控制，進一步影響我們的新陳代謝。而生物體所產生的「生物電流」形成的電磁波場，則是法身的出現機轉。

眾生的「有」報身，會依遺傳基因建立識體（識與心所法）的神經系統形成電流迴路，由此「生物電流」產生電磁場的法身「本有」，這才是輪迴的主體。當眾生因身口意的行為養成習性，所產生的電磁波場會疊加或干涉到原來報身與法身的神經迴路的電磁波場。這就是建立業因種子的機轉。也就是說，眾生在世間的行為造業（構成「自傳體自我」的圖像），是利用電磁波場的疊加或干涉記錄到眾生識體與五十一心所法中。接觸外界訊息的身體感官（如眼、耳、鼻、舌、身）及其周圍之組織結構，即構成了所謂的「感覺門戶」。而這「感覺門戶」若依佛法前五

識覺的演化，即是指《八大菩薩曼荼羅經》等經所說的普
賢、觀音、虛空藏、文殊、金剛手（大勢至）等菩薩的成
佛過程。

参考資料

- 邁克爾・藍德與丹・埃里克・尼爾森（2019）。《動
  物之眼》。南京：南京大學出版社。2019 年 12 月第 1 刷。
  ISBN 978-7-305-21969-6。

- 羅伯・唐恩與莫妮卡・桑切斯（2022）。《舌尖上的
  演化》。台北：商周出版社。2022 年 12 月初版 1 刷。
  ISBN 978-626-318-518-0。

【19】
八識的演化（六）

　　《八大菩薩曼荼羅經》有提到，修行人若受持普賢、觀音、虛空藏、文殊、金剛手（大勢至）、地藏、彌勒以及除蓋障等八位菩薩的供養觀行，可以一切業障悉皆銷滅，速證無上正等菩提。這是因為在娑婆世界的「人」這類眾生，就是由佛性識演化成八識，因八識業行染污轉生而成的。而這不染污演化的八識，即是八菩薩、八佛。佛的覺性四智功德——大圓鏡智、平等性智、妙觀察智、成所作智，經演化成八菩薩、八佛——普賢菩薩（眼識—色覺）、觀自在菩薩（觀世音菩薩，耳識—聲覺）、虛空藏菩薩（鼻識—香覺）、妙吉祥菩薩（文殊菩薩，舌識—味覺）、金剛手菩薩（身識—觸覺）、地藏王菩薩（意識—法覺）、慈氏菩薩（彌勒菩薩，末那識—主體覺）、除蓋障菩薩（阿賴耶識—業覺）。能現諸法實相的大圓鏡智功德，因業力

種子的染污，轉成無明持種的第八**異熟識**。能無分別對待諸法的平等性智功德，因我執無明分別的思量能變，轉成**我見識**（末那識、第七識）。善能分別諸法的妙觀察智，經業力無明的障礙，經分別能變轉成**分別識**（第六意識）。面對外緣諸法的成所作智，因業力種子的無明，經分別能變轉成**五種根識**（眼耳鼻舌身五識）。

八大菩薩因是無染污的四智功德，菩薩雖有名相的差異，卻無智覺的差別。《法華經・法師功德品第十九》雖說：「爾時，佛告常精進菩薩摩訶薩，若善男子、善女人，受持是法華經，若讀，若誦，若解說，若書寫，是人當得八百眼功德、千二百耳功德、八百鼻功德、千二百舌功德、八百身功德、千二百意功德，以是功德，莊嚴六根，皆令清淨。」此處八菩薩名相與功德的差別，原因是因根器結構差別，與所面對的外緣諸法運作有異。各根識功德大小，與根識傳入訊息與第六意識發生互動演化有關。如具千二百功德的觀世音菩薩、文殊菩薩、地藏王菩薩，在佛經中釋迦佛也特別強調這三位分別代表耳覺、舌覺、意覺的無量功德。而且此三根識功能，是幫助眾生於報身的

基礎上，建立由環境、生活經驗累積業力而成化身。這個佛法觀點，也可以從《大腦這樣「聽」：大腦如何處理聲音，並影響你對世界的認識》、《舌尖上的演化》、《意識究竟從何而來》（*Self Comes to Mind*）、《品嘗的科學》等的研究結果證實。這三個感覺器官與外界環境互動的結果，是主要使腦神經組織成長中，建構成了「自傳體自我」（化身）。因為語言和音樂的聲音擁有特權，可以進入大腦的酬賞或掌管情緒的網路。（《大腦這樣「聽」》page 11, 54）

　　而從生物演化的觀點看，六種感覺器官在不同物種，可以傳遞相同的六塵信息。如蝙蝠的聽覺功能，也能傳遞部分視覺的訊號。雖然分別五識為眼耳鼻舌身，為五大菩薩，但不應分別菩薩唯有單根功德。因為眾生是有業力無明的識覺障礙，但菩薩是無業障的圓明智覺。所有菩薩經典，都是從智覺的立場，以覺性的功德力救度眾生。如所有依賴聽見的眾生，都是受觀音菩薩所救度。但有些視覺發展障礙的眾生，也可以靠觀音聽覺的救度，如「像蝙蝠的男孩」。而且六根識的功用是可以互相支援的，從腦神

經功能的研究證據也證實。佛法的「六根互用」即是指佛性功德於一根中，能具足「見色、聞聲、齅香、別味、覺觸、知法」諸根的功德，此義理從《法華經》的「法師功德品」、《涅槃經》的「光明遍照高貴德王菩薩品」、《華嚴經》、《楞嚴經》……皆有廣泛的討論。如《八十華嚴經・卷46》的「佛不思議法品」說：「一切諸佛能以眼處作耳處佛事。能以耳處作鼻處佛事。」

視覺系統──普賢菩薩及其相伴的眷屬

《華嚴經・入法界品》的《善財童子第五十三參：普賢菩薩》說：「善財童子，見普賢身。一一毛孔。念念中出一切世界極微塵數種種光明雲。見一一毛孔。念念中出一切佛剎極微塵數種種色圓光雲、種種色香焰雲、種種華雲、種種莊嚴香樹雲、種種菩薩身雲。」《佛說觀普賢菩薩行法經》也說：「有一菩薩結加趺坐。名曰普賢。身白玉色五十種光。光五十種色以為項光。身諸毛孔流出金光。其金光端無量化佛。諸化菩薩以為眷屬。」《妙法蓮華經・普賢菩薩勸發品第二十八》說：「世尊，我今以神通力故、

守護是經，於如來滅後、閻浮提內，廣令流布，使不斷絕。」
爾時釋迦牟尼佛讚言：「善哉、善哉，普賢，汝能護助是經，
令多所眾生、安樂利益，汝已成就不可思議功德、深大慈
悲，從久遠來，發阿耨多羅三藐三菩提意，而能作是神通
之願，守護是經，我當以神通力，守護能受持普賢菩薩名
者。」這裡所謂的「是經」，是指《法華經》，也即是指
八大菩薩護持成就的報身「人」這部經典。而這種以種種
光、種種色護持眾生，即是普賢菩薩的功德。

色覺的眼根與識也是依第八識的「觸、作意」遍行心
所法演化，且眼根識面對外緣真如性色法境訊息，除了也
演化出五遍行心所法（觸、作意、受、想、思）外，還演
化出相伴的其他心所法：五別境心所法（欲、勝解、念、定、
慧）、三根本煩惱（貪、嗔、癡〔無明〕）、善十一（信、慚、
愧、無貪、無嗔、無癡、勤、輕安、不放逸、行舍、不害）、
中隨煩惱二（無慚、無愧），以及大隨煩惱八（昏沉、掉舉、
不信、懈怠、放逸、失念、散亂、不正知）。眼根識自己
單獨相應的心所法只有五遍行、五別境和不定心所法中的
眠、尋和伺，共是十三個心所法；其他心所法是依意根（即

腦視覺皮層經與腦頂葉、顳葉連結）主導才能與善惡的現起，共有二十四個。哺乳動物的視覺系統包括：眼角膜、鞏膜、水晶體、視網膜、動眼肌束、視神經、左右視交叉、視束、外側膝狀體、視輻射、腦枕葉視皮層、MT腦區（這些結構組織也即是普賢菩薩的相伴眷屬）。視皮層負責視覺信息的高級處理過程，位於大腦的枕葉，小腦的上方。通過腦傷的病患分析可以知道皮層不同層間以及皮層與視丘、小腦、海馬及皮層不同區域間有內部的連接。

　　不同物種所能感知的可見光處於光譜中的不同位置，人類眼睛可以觀測到波長大約在 380 奈米和 780 奈米之間的電磁輻射，稱為「可見光」。例如有些物種具有看見紫外光部分的能力，而另一些物種則能看見紅外光部分。哺乳動物所擁有的視覺系統與其他許多「高等」動物相似。人類對視覺相當依賴，根據研究，人類腦中「知道」的訊息中，有五分之四是透過眼睛接收的。也因此，我們無法想像：鼴鼠等鼻子敏銳的哺乳動物利用敏感的嗅覺來「嗅聞」世界，而蝙蝠等耳朵敏銳的動物透過尖叫聲的回聲來「聽出」周遭情況。儘管人類高度依賴視覺，但相較於哺

乳動物，我們的視力並不出色，例如某些松鼠擁有比我們更銳利的視力。然而，相較於大多數哺乳動物只能看見黑白景象，靈長目的人類則擁有彩色視力。

人類的眼睛被視為起源於對光線敏感的斑點。視覺演化上，眼睛源起的爭論從未停止。化石研究知道，眼睛最早出現在約 6.3 億年前的寒武紀早期，而且在「寒武紀大爆發」就產生了現在動物擁有的大部分類型的眼睛（生物電磁波效應的觀點看，物種演化過程中，當最能適應生存的物種出現時，其最有效的感覺器官、組織基因活動，是否會經由相互輪迴投生與生物電磁場作用，而快速的在各物種間演化開來？是值得進一步研究的。）（《動物之眼》前言）人眼，以及無數生物的眼睛都是複雜且巧妙的光學結構。這近乎完美的架構，是怎樣逐漸由簡單的光感細胞產生與演化的？視覺能力的演變和通常進化過程一樣，是遵循適者生存原則的。因此眼睛的演變過程是視覺引導生存行為演變的結果。隨著各物種的演化複雜化，物種間的生存行為也變的複雜，空間信息的需求量也增加，產生了不同的光感行為。在這個進化過程中有很多重要的步驟，

進而產生了光感行為的四種類型。（《動物之眼》page 12）

1. 由非定向環境光檢測引導的行為。如24小時的生理週期，抵禦有害光照的避光反應，避免被捕食的變色反應，挖掘動物的表面探測能力。

2. 基於定向光感的行為。如趨光性，光學平衡囊，以及捕食者接近的警告反應。

3. 基於低空間分辨率的視覺行為。如自身動作的檢測能力，本體躲避反應（反碰撞），棲息地選擇能力，對簡單的地標或天體（如月亮、太陽）定向的能力。

4. 基於高空間分辨率的視覺行為。如獵物檢測與追趕能力，捕食者檢測與逃避能力，同類檢測與評估能力，複雜地標的定位能力，視覺交流能力，個體辨別能力。

　　嚴格來說，只有第3類和第4類屬於視覺任務。第2類一般認為不是真正的視覺，而第1類通常被稱為非視覺光感受器。視覺系統的演變可以假定是由第1類的產生而開始的，而後逐漸經歷了較高類別的行為任務演化。四種行為任務分別與其普遍的傳感訊息需求相關，這些需求對應著眼睛進化的不同階段。

　　視覺系統是神經系統的一部分，賦予生物體視知覺的能力。它利用可見光信息建構機體對周圍環境的感知。視覺系統擁有將外部世界的二維投射重構為三維世界的能力。從人的視覺腦區看，視覺皮層位於枕葉的距狀裂周圍，屬於典型的感覺型粒狀皮層（Koniocortex cortex）。它的輸入主要來自於視丘的外側膝狀體。初級視皮層（V1）的輸出信息分別流向兩個通道，形成背側流（Dorsal stream）和腹側流（Ventral stream）。背側流始於 V1，經過 V2，進入背內側區和中顳區（MT，又稱 V5），最後達到頂下小葉。背側流常被稱為「空間通路」（Where / How pathway），參與處理物體的空間位置信息以及相關的運動控制，如眼跳（saccade）和伸取（Reaching）。腹側流發源於 V1，依序經過 V2、V4，進入下顳葉（Inferior temporal lobe）。這條通路通常被稱為「內容通路」（Who / What pathway），參與物體識別，例如面孔識別。同時，該通路也涉及到長期記憶。

　　「盲視」是一種「皮質盲」，而非眼盲。眼盲通常指眼睛結構受損，導致失明，因此沒有視覺訊息進入大腦，

進而無法看見任何東西。相對地，皮質盲是指雖然眼睛結構完好，仍有視覺訊息進入大腦，但由於大腦皮質受損如中風，因此無法處理這些進入大腦的視覺資訊而導致看不見。一位因視覺皮質受傷而導致皮質盲的退伍軍人，經研究是人類「盲視」現象的最早證據。科學家認為，導致初始視覺皮質受損而引起皮質盲的原因，在於雖然初始視覺皮質無法正常處理視覺資訊，但這些資訊仍能透過皮質下的視覺系統進入大腦其他腦區。儘管答案尚未確定，我們似乎可以得出一個結論，即初始視覺皮質與視覺意識可能存在關聯。因為當初始視覺皮質受損時，我們總是觀察到視覺意識消失的現象。另一個與枕葉相關的奇特病例是安通巴賓斯基症候群（Anton-Babinski syndrome），通常出現在枕葉腦損傷的患者身上。這些患者同樣表現出皮質盲，由於初始視覺皮質受損而看不見。然而，安通氏症候群的患者卻否認自己看不見，即沒有自己已經失明的病識感，並且可能虛構出自己仍能看見的情景。可以確定的是，枕葉與視覺密切相關，且枕葉中的初始視覺皮質，可能和視覺意識有關。目前的研究顯示，儘管很多訊息處理是無意

識的，但仍可能影響我們的行為。從目前的研究來看，視覺意識與大腦意識之間存在聯繫，但在促使「自傳體自我」（化身）形成的成長經驗中，語言（舌覺）和聲音（耳覺）的作用可能仍然比較重要。

参考資料

- 洪啟嵩主編（2021）。《普賢菩薩經典》。新北：全佛文化事業出版社。2021 年 5 月第 2 版。ISBN 978-986-98930-9-1。

- 像蝙蝠的男孩：〈蝙蝠男孩〉。百度百科。取自 https://baike.baidu.hk/item/%E8%9D%99%E8%9D%A0%E7%94%B7%E5%AD%A9/1171983

- 邁克爾‧藍德與丹‧埃里克‧尼爾森（2019）。《動物之眼》南京：南京大學出版社。2019 年 12 月第 1 刷。ISBN 978-7-305-21969-6。

- 〈【大腦 S01E03】你的盲不是真的盲　「枕葉」與「盲視」〉。鏡週刊。取自 https://www.mirrormedia.mg/story/20191104cul001

● 妮娜・克勞斯（2022）。《大腦這樣「聽」》。台北：遠見天下文化出版社。2022 年 12 月第 1 刷。ISBN 978-626-355-022-3。

【20】
八識的演化（七）

耳聽覺系統——觀音菩薩及其相伴的眷屬

《千手千眼觀世音菩薩廣大圓滿無礙大悲心陀羅尼經》說：「佛告總持王菩薩言：『善男子！汝等當知，今此會中，有一菩薩摩訶薩，名曰「觀世音自在」。從無量劫來，成就大慈大悲，善能修習無量陀羅尼門，為欲安樂諸眾生故，密放如是大神通力。』佛說是語已。爾時，觀世音菩薩，從座而起，整理衣服，向佛合掌，白佛言：『世尊！我有大悲心陀羅尼咒，今當欲說。為諸眾生得安樂故，除一切病故，得壽命故，得富饒故，滅除一切惡業、重罪故，離障難故，增長一切白法諸功德故，成就一切諸善根故，遠離一切諸怖畏故，速能滿足一切諸希求故。惟願世尊，慈哀聽許！』」這是觀音菩薩聽覺智慧的誓願；以「大

悲心陀羅尼咒」救渡眾生。眾生所有演化出的語言與音樂聲響，就是觀音智覺咒語訊息功德，經過聽覺系統的轉化這無量的咒語功德，創造了每位眾生個體獨特的「自傳體自我」（化身），例如人類的語言與音樂、鳥類的鳴叫與求偶等聲響。聽覺的耳根與識也是依第八識的「觸、作意」遍行心所法演化，且耳根識自己單獨相應的心所法也只有十三個；其他心所法是依意根（即腦顳葉聽覺皮質經與中腦、視丘、邊緣系統的連結）主導才能善惡的現起，共有二十四個。在仔細的研讀後，可以驚訝的發現佛法的《大悲心陀羅尼經》與《大腦這樣「聽」》這本現代科學的證據，是以不同的語言邏輯，但相同的讚嘆著觀音菩薩智覺的功德。

聽覺系統的解剖學結構被稱為聽覺通路（簡稱聽路），包括：聽覺外周的外耳、中耳、內耳、毛細胞、聽神經元，以及聽覺中樞（經腦幹、中腦、視丘至顳葉的聽覺皮層）。當聲波觸及耳廓時，會發生反射和減弱，這些改變提供額外的信息，協助大腦確定聲音的來源方向。聲波進入兩側外耳道，一個看似簡單的管有助於放大 3 至 12 千赫之間的

聲音。中耳結構包括鼓膜、鼓室和聽小骨（即錘骨、砧骨和鐙骨）。這些小骨充當槓桿和電報交換器的角色，將空氣中低壓的鼓膜聲音振動轉換成小薄膜卵圓窗上的高壓聲音振動。由於卵圓窗之後的內耳包含的是淋巴液而非空氣，因此需要更高的壓力。中耳仍以波的形式包含聲音資訊，然後這些聲音資訊在耳蝸轉換為神經衝動。內耳的核心結構是骨迷路，其中包含充滿淋巴液的耳蝸和前庭系統（負責平衡覺、不參與聽覺）。耳蝸內的液體因壓力振動而產生波動，柯蒂氏器中的毛細胞將這些液體波動轉換為神經信號，這也是聽神經路徑的起點。

耳蝸連接的神經是前庭耳蝸神經，其中前庭神經負責平衡感，而耳蝸神經則負責聽覺。在耳蝸內部，通常有多個聽神經纖維支配一個毛細胞。神經元的突觸前區有一個被突觸神經泡圍繞的「密集體」，這有助於快速釋放神經傳遞物質。聲音信號從內耳沿著聽覺神經進入中樞神經系統（聽覺中樞），該中樞神經系統橫跨腦幹、中腦、視丘及大腦皮層，是感覺系統中最長的中樞神經通路之一。聲音信號首先經過腦幹的部分結構（例如耳蝸核和下丘）並

在其中的各個小站被處理，然後到達視丘，最終傳遞到位於大腦顳葉的聽覺皮層。這些結構組織也即是觀音菩薩的相伴眷屬。《法華經‧法師功德品第十九》說，比起其他感官，耳功德具有「千二百」，這是有生物學證據的。所有脊椎動物都具備聽覺，反而是許多沒有視覺。海倫‧凱勒曾說：「失明切斷了我們和事務的連結，失聰切斷了我們和人的連結。」，是聲音幫助我們建立與世界的連結。

我們對這個世界的感知，極大部分是在沒有意識到的情況下發生的。感官系統不是科學儀器，無法客觀地測量外部訊息，而是透過大腦處理這些訊息，讓這些訊息對我們產生意義。經驗所造成的腦部變化統稱為神經可塑性（neural plasticity）。聽覺系統是包括感官知覺、運動、思考和情緒感受。比起其他感官訊息，語言和音樂的聲音擁有特權，是可以進入大腦酬賞網絡或掌管情緒網絡（《大腦這樣「聽」》page 11）。人類的聽覺學習很早就開始，甚至在胎兒期就有影響。《大腦這樣「聽」》作者認為聲音意識可以視為擁有時間連續性的性質。日常生活中的經驗如聲音，塑造了我們的腦神經系統。我們一生中接觸到

的聲音，塑造了我們現在的大腦；而我們現在的大腦，又會進一步決定我們如何塑造未來世界的聲音（page 15）。聽覺是幾百萬年就演化出來的能力，人類的天性更傾向於透過聲音來理解、並記憶語言，而不是透過文本（page 180）。這也正是《大佛頂首楞嚴經》說的：「佛出娑婆界，此方真教體，清淨在音聞。欲取三摩提，實以聞中入。」

鼻嗅覺系統──虛空障菩薩及其相伴的眷屬

《虛空藏菩薩經》說：「爾時世尊。欲為大眾說四辯才三明梵行住破惡業障陀羅尼經。爾時西方過八十恒河沙世界。有一佛剎。名一切香集。依其中眾生成就五濁。彼國有佛。名勝華敷藏如來應正遍知明行足善逝世間解無上士調御丈夫天人師佛世尊。彼佛今正為諸大眾轉妙法輪。彼有菩薩摩訶薩。名虛空藏。已從彼佛聞深妙法得諸禪定。」《大方等大集經卷・第十六》說：「世尊！此虛空藏菩薩，何因緣故名虛空藏？」「爾時，師子進菩薩即時入定已，現如是等相，使三千大千世界六變振動，於上虛空中雨種種妙物，所謂諸華香、末香、塗香，繒蓋幢幡，

作種種天樂，美饍飲食，瓔珞衣服，種種珍寶，皆從空中繽紛而下。雨如此寶，滿足三千大千世界，眾生得未曾有，皆大喜悅。爾時，從地神諸天上至阿迦膩吒天皆歡喜踊躍，唱如是言：『此大菩薩，可名虛空藏。所以然者，以從虛空中能雨無量珍寶充足一切。』爾時，世尊即印可其言，名虛空藏。」「虛空藏言：『善男子！自我發阿耨多羅三藐三菩提心已來，常有此藏在於空中。』」此是**一切香集**佛國來的虛空藏菩薩，誓願以「從虛空中能雨無量珍寶充足一切」來救渡眾生，而此正是**鼻嗅智覺**的功能。

　　嗅覺系統是指感受氣味的感覺系統，它將化學信號**轉**化為感受。它由兩個感覺系統參與，即嗅神經系統和鼻三叉神經系統。嗅覺和味覺會整合和互相作用。嗅覺是一種遠感，即是說它是通過長距離感受化學刺激的感覺。相比之下，味覺是一種近感。嗅覺就感知能力上遠比味覺複雜，人類有 400 多種嗅覺受體，可以辨識達百萬種不同的氣味（《品嘗的科學》page 126）。嗅覺在動物中是一種重要的感知方式，很多生物雖然視覺能力較弱，但擁有高度敏銳的嗅覺，這對於它們的安全和健康具有重要意義。大多數

哺乳動物和爬行動物的嗅覺系統通常包括主要嗅覺系統和輔助嗅覺系統。主要嗅覺系統負責感應氣態物質的氣味，而輔助嗅覺系統則專注於感應液態物質的氣味。在組織結構上，脊椎動物的嗅覺感受器通常位於鼻腔中，由支持細胞、嗅細胞和基細胞組成的嗅上皮形成。嗅上皮中的嗅覺細胞的軸突形成嗅神經。嗅束膨大呈球狀，位於每側腦半球額葉的下面；嗅神經進入嗅球。嗅球和端腦是嗅覺中樞。當外界氣味分子接觸到嗅感受器時，引發一系列的化學反應，導致嗅神經傳導訊息。嗅覺感受神經的軸突在嗅球上形成嗅小球。在嗅小球內，軸突接觸到僧帽細胞的樹突以及其他種類細胞。帽僧細胞將其軸突延伸到各個大腦區域，包括嗅前核、梨形皮質、中央杏仁核、內嗅皮質和嗅覺小瘤。這些結構組織也即是虛空藏菩薩的相伴眷屬。

　　嗅覺的鼻根與識也是依第八識的「觸、作意」遍行心所法演化，且鼻根識單獨相應的心所法也是十三個；其他二十四個心所法是依意根（即嗅球、端腦，以及各大腦區的連結）主導才能善惡的。人類的味道，即使是討厭的味道，都充滿細微之處，而且和其他氣味、過去的事件與情

感、和所學到的經驗整體，都是息息相關的。原始的氣味
元素是一種了不起的演化，且更早於視覺、聽覺，是生物
演化成功的重要能力。吃最早的「第一口飯」，相信是寒
武紀之前的三葉蟲（page 36）。在此時代，味覺和嗅覺是
無法區別的。但演化到無頜魚類，這兩種感官被認為是已
不同分工。嗅覺，是往外探索環境的感官；味覺，體內區
域的守門者（page 40）。這類魚的盲鰻是最早期的脊椎動
物，會受到腐敗的氣味吸引，鑽入生物屍體進食。在演化
下，只有人與猿類的大腦有新皮質，這不斷更新與重塑的
新皮質，其工作是成為生活經驗地圖，紀錄氣味、同伴、
感情、威脅和食物（page 44）。研究者認為，每種氣味在
腦中會製造出自己獨特的「形象」，當氣味出現時，就可
能引發記憶和情感的連結。人對氣味的這種圖像認知方式，
就像視覺對臉孔的認知一樣，很難用於言語來形容（page
128）。

參考資料

- 洪啟嵩主編（2015）。《觀世音菩薩經典》。新北：全佛文化事業出版社。2015 年 2 月初版。ISBN 978-957-9462-17-4。

- 妮娜・克勞斯（2022）。《大腦這樣「聽」》。台北：遠見天下文化出版社。2022 年 12 月第 1 刷。ISBN 978-626-355-022-3。

- 洪啟嵩主編（2016）。《虛空藏菩薩經典》。新北：全佛文化事業出版社。2016 年 5 月初版。ISBN 978-957-9462-24-2。

- 約翰・麥奎德（2019）。《品嘗的科學》。新北：遠足文化事業出版社。2019 年 8 月二版 1 刷。ISBN 978-986-97534-3。

【21】
八識的演化（八）

舌味覺系統——文殊菩薩及其相伴的眷屬

　　《文殊師利所說不思議佛境界經》說：「佛告文殊師利菩薩言：『童子！汝有辯才，善能開演。汝今應為菩薩大眾宣揚妙法。』」《佛說文殊師利淨律經》說：「文殊師利所說經法。開發結礙靡不膭然。踰過聲聞緣覺之上。文殊師利設說大法。一切眾魔皆為降伏。諸邪迷惑無得人便。諸外異道莫不歸命。其貢高者不懷自大。未發意者皆發道心。已發道心立不退轉。所當受者無不稽顙。所當執御靡不攬持。如來至真皆亦勸讚。因此聖教乃令正法長得久存。自捨如來。未有他尊智慧辯才頒宣典誥如文殊者也。」《藥師琉璃光佛本願功德經》說：「曼殊室利童子白佛言：『世尊！我當誓於像法轉時，以種種方便，令諸

淨信善男子、善女人等，得聞世尊藥師琉璃光如來名號，乃至睡中亦以佛名覺悟其耳。』」此經是由文殊師利菩薩向釋迦牟尼佛請法而緣起的，藥師佛十二大願可以說是非常殊勝，受持藥師佛者不僅有藥師佛功德，更能獲得文殊師利菩薩守護，且藥食同源，也正反應著文殊也承繼著藥師佛的功德。這即是文殊菩薩味覺舌根智慧的功德，所有眾生的言語、構音、咀嚼、吞咽和感受味覺的能力，都是文殊菩薩的救渡。

味覺的舌根與識也是依第八識的「觸、作意」遍行心所法演化，且舌根識自己單獨相應的心所法也只有十三個；其他心所法是依意根（即腦額葉運動皮質、腦頂葉感覺皮質與邊緣系統的連結）主導才能善惡的現起，共有二十四個。廣義的舌味覺系統應包含口腔、咽喉，以及呼吸的氣道等結構組織。舌頭在大腦的 12 對腦神經中，就與 5 對相連，包括三叉神經、顏面神經、舌咽神經、迷走神經及舌下神經。舌頭的運動與感覺在大腦的中樞管理系統中占據相當大的比例。大腦的額葉運動腦迴區中，有一大塊區域專門負責舌頭的運動。舌下神經負責控制舌頭的頦舌肌運

作，同時與呼吸中樞有著重要的連結，甚至對睡眠也有影響。舌頭由八塊骨骼肌（橫紋肌）交織而成，表面則被黏膜緊密覆蓋。舌頭擁有咀嚼、吞咽、構音和感受味覺的功能。構音是通過協調嘴唇、牙齒、舌頭、懸雍垂、上顎、咽喉和氣管等器官的動作，並進行修正、摩擦或阻斷等過程，以發出語音。不同部位組合產生不同的動作，形成不同的語音。在功能上，左側大腦擁有語言中樞，負責語言溝通的能力。一個清醒的人可以自主地控制呼吸，並通過調整呼吸來實現語言的功能。右側大腦則在立體空間的認知方面優於左腦。這些周邊結構組織與腦中樞神經區都是文殊菩薩的相伴眷屬。

　　口腔有三對大唾液腺分泌唾液，此外口腔黏膜下，特別是嘴唇、雙頰等處，還有許多小唾液腺也經常分泌唾液，分解與溶入食物的化學成分。味覺是一種受到直接化學分子刺激而產生的感覺，舌頭黏膜上皮的味蕾能辨別酸、甜、苦、鹹、鮮味。食物進到口腔後，透過這些味蕾細胞，會讓人的大腦產生味覺，與嗅覺結合成「味道」。味覺是中樞神經系統所接受的感覺中的一種。味覺不像嗅覺，比較

反應實際的感覺訊息。味道所產生的原始好惡如苦味，只是基本的生存反應。這些訊號傳到皮質的腦島處理，此處是意識對於身體內部狀態，與外部環境做評估和轉達訊息的地方（《品嚐的科學》page 131）。味覺是主觀性的，功能性磁振造影研究發現，「舌頭上的化學反應」與「意識本身」之間彼此相關。有味覺的感受經驗，才能建立想像力和情感；也即是每個人都活在自己的味道世界裡。而且這個自己的感覺世界在童年初期就形成，並隨著生命活動的進程而演變（《舌尖上的演化》page 28）。科學至今還沒有辦法解釋，為什麼味覺會受到各種經驗牽引，每一道菜、每一口飲料的味道，都會隨著我們的開心、厭惡、痛苦、記憶而改變（《品嚐的科學》page 302），也許這是大腦為生存而演化的結果。

身觸覺系統——大勢至菩薩及其相伴的眷屬

《觀無量壽經・第十一觀：勢至觀》說：「次觀大勢至菩薩。此菩薩身量大小，亦如觀世音。圓光面各百二十五由旬，照二百五十由旬。舉身光明，照十方國，

作紫金色。有緣眾生，皆悉得見。但見此菩薩一毛孔光，即見十方無量諸佛淨妙光明。是故號此菩薩名無邊光。以智慧光，普照一切，令離三途，得無上力。是故號此菩薩名大勢至。」「此菩薩行時，十方世界，一切震動。當地動處，有五百億寶華。一一寶華，莊嚴高顯，如極樂世界。」按藏傳佛教的一般說法，大勢至菩薩以神通力聞名，號稱「大勇」。這是大勢至菩薩身觸覺智慧的功德，使眾生的法、報身得身體的行動力與淨妙觸覺光明的智慧。從動物生命體來看，大勢至菩薩展現在眾生身體上的功德，包括肢體的運動系統與觸覺感官反應。這些肢體、觸覺結構組織都是大勢至菩薩的相伴眷屬。觸覺的身根與識也是依第八識的「觸、作意」遍行心所法演化，且身根識自己單獨相應的心所法也只有十三個；其他心所法是依意根（即腦額葉運動皮質、腦頂葉感覺皮質與邊緣系統的連結）主導才能善惡的現起，共有二十四個。

　　動物生命體的肢體運動和觸覺系統的演化，從無脊椎動物到脊椎動物主要涉及肌肉、骨骼和周邊神經系統。除了 12 對腦神經外，周邊神經還包括 31 對脊神經，包括 8

對頸神經、12 對胸神經、5 對腰神經、5 對薦神經及 1 對尾神經。這個周邊神經系統包括體運動神經系統、自律神經系統及感覺神經系統。自律神經系統分布在內臟的平滑肌、心肌和各種腺體中。這個系統包括交感神經系統，啟動時會使心跳加快、血壓上升、血糖增加，使全身處於戰備狀態；副交感神經系統則負責使生物體進入「休息或安逸」狀態，啟動時心跳變慢，血壓降低。骨骼和肌肉包括軀幹、四肢骨、骨關節、肌肉、肌腱、橫膈膜等。肢體運動可以活化周邊神經系統，促進大腦的血液循環，並增加大腦中的「神經滋養因子」（BDNF）。BDNF 是神經系統中的一種蛋白質，具有促進神經細胞生長、調節突觸形成以及調控神經傳遞的功能。此外，透過自律神經系統，運動能促使我們分泌「血清素」和「多巴胺」這兩種快樂賀爾蒙。血清素有助於抗壓和抑鬱，同時促進良好的睡眠；多巴胺則帶來快樂、滿足的感覺。此外，運動還能降低「皮脂醇」（壓力賀爾蒙），有助於我們穩定情緒。

　　觸覺是一種無法暫時關閉的感覺，但失去觸覺有可能造成動搖自我存在依據觸的嚴重事態（《觸覺不思議》

page 22）。觸覺系統是個體在母體內最先發展的感覺系統，嬰兒首先藉由觸摸展開空間的認知。嬰兒一出生就開始將自己接觸到的東西，與眼睛看到的東西視為一體（page 26）（這是第七末那識的作用）。若視覺與觸覺沒有一起發展，只有視覺的影像是無法形成辨識功能的，觸覺已無意識地融入視覺的運作中（page 108）。由於觸覺系統和神經系統源自胚胎期的外胚層，兩者合作密切。多數動物的觸覺器是遍布全身的，像人的皮膚位於人的體表，依靠表皮的游離神經末梢能感受溫度。觸覺系統不斷接收外界的觸摸、按壓、冷熱、疼痛以及皮膚上汗毛拂動等刺激，可視為個體在探索環境時最重要的媒介之一。這不僅影響情緒平衡，同時搭配前庭及本體感覺，控制個體動作和認知能力的發展。個體對於觸覺刺激的反應能力可以區分為防禦性觸覺及識別性觸覺兩種，當這兩者的反應能力取得適當平衡時，觸覺系統能夠發揮最佳效能。如果腦神經系統對於防禦性觸覺過度敏銳，隨時處於警覺和緊張的狀態，可能導致全身感覺過度敏銳。最明顯的表現是對於輕微或正常人可以接受的有形或無形觸感覺得不適，並在情緒和

行為上容易產生強烈的防禦性憎惡，引發逃避或立刻回擊的反應。觸覺還具有更神奇而高尚的作用，例如用來表達親密、善意、溫柔與體貼之情。它是啟發人們心靈的一個窗口。

參考資料

● 洪啟嵩主編（2019）。《文殊菩薩經典》。新北：全佛文化事業出版社。2019 年 8 月初版。ISBN 978-957-9462-18-1。

● 約翰・麥奎德（2019）。《品嘗的科學》。新北：遠足文化事業出版社。2019 年 8 月二版 1 刷。ISBN 978-986-97534-3。

● 羅伯・唐恩與莫妮卡・桑切斯（2022）。《舌尖上的演化》。台北：商周出版社。2022 年 12 月初版 1 刷。ISBN 978-626-318-518-0。

● 仲谷正史、筧康明、三原聰一郎與南澤孝太（2017）。《觸覺不思議》。台北：家庭傳媒城邦分公司。2017 年 5 月初版 1 刷。ISBN 978-986-235-587-9。

【22】
八識的演化（九）

意識法覺系統──地藏菩薩

《地藏菩薩本願經》說：「時師子奮迅具足萬行如來告長者子：欲證此身，當須久遠度脫一切受苦眾生。文殊師利！時長者子，因發願言：我今盡未來際不可計劫，為是罪苦六道眾生，廣設方便，盡令解脫，而我自身，方成佛道。以是於彼佛前，立斯大願，于今百千萬億那由他不可說劫，尚為菩薩。」、「佛告定自在王菩薩。一王發願。早成佛者。即一切智成就如來是。一王發願。永度罪苦眾生。未願成佛者。即地藏菩薩是。」《地藏菩薩本願經・囑累人天品第十三》說：「爾時世尊，而說偈言：現在未來天人眾，吾今慇懃付囑汝（地藏菩薩），以大神通方便度，勿令墮在諸惡趣。」《占察善惡業報經》說：「此善

257

男子（指地藏菩薩）發心已來，過無量無邊不可思議阿僧祇劫，久已能度薩婆若海，功德滿足。但依本願自在力故，權巧現化（地藏菩薩分身），影應十方。雖復普遊一切剎土，常起功業，而於五濁惡世，化益偏厚，亦依本願力所熏習故，及因眾生應受化業故也。」密教則認為「地藏菩薩」本地為寶生佛，此是依二禪修證成就妙觀察智而言。禪修入二禪則是要斷內五根，修遠離五根識，轉第六意識為「妙觀察智」。二禪境的特質是無覺觀、樂、心一境性、喜（以喜心為主），這是南方寶生如來所居的歡喜世界。佛陀為此階段沙門說了《地藏菩薩本願經》、《淨土經典》、《藥師琉璃光如來本願功德經》、《金光明經》、《仁王經》、《維摩詰經》等。

　　《地藏菩薩本願經・閻浮眾生感品第四》：「爾時地藏菩薩摩訶薩白佛言：世尊，我承佛如來威神力故，遍百千萬億世界，分是身形（地藏菩薩分身），救拔一切業報眾生。若非如來大慈力故，即不能作如是變化。我今又蒙佛付囑（指第六識是由第八識演化而來），至阿逸多成佛（彌勒佛，指第七識的轉識成智覺）以來，六道眾生，

遣令度脫。唯然世尊，願不有慮。」菩薩都是佛子，所以
第六意識也是承繼佛的覺性功德，才能發揮對萬法的了別
智慧。《地藏菩薩本願經・**分身集會品**》說：「爾時，諸
世界分身地藏菩薩，共復一形，涕淚哀戀，白其佛言：我
從久遠劫來，蒙佛接引，使獲不可思議神力，具大智慧。
我所分身，遍滿百千萬億恆河沙世界，每一世界化百千萬
億身，每一身度百千萬億人，令歸敬三寶，永離生死，
至涅槃樂。」所以所有修行眾生的第六意識（地藏菩薩分
身），都是誓願：「地獄（業障）不空，誓不成佛；眾生（煩
惱）度盡，方證菩提。」這即是地藏菩薩意識法覺意根智
慧的功德，所有眾生的諸法名相與分別的能力，都是地藏
菩薩的願力救渡。

　　瑜伽行派與法相宗主張，眾生「識」能轉變生起一切
萬法，或變現為心內主觀（見分）與客觀（相分）認識作
用之主體，故稱為能變。依其作用之特性，能變有異熟、
思量、了境等三種。第六意識即是「了境──對法的了別」
的第三分別能變，也就是落入二元性的四相分別（我、人、
眾生、壽者）。法覺的意根與識除了依第八識的「觸、作意」

遍行心所法演化，還依「受、想」演化出相應的心所法有別境、善等四十六個；是依意根（即腦額葉皮質、腦頂葉感覺皮質〔意識的法相分別作用〕與邊緣系統〔負責飲食、睡眠、性慾的生理衝動中樞〕的神經連結迴路）主導著身口意善惡的現起。此意識與五十一心所法構成的黑白法（見《百法明門論》），是受**五下分結**（貪欲、瞋恚、身見、見取見、疑見）形成的法界所束縛，是造作善惡業的根本。所以佛法教義說，眾生輪迴開始於第六意識的形成，依著見思惑的染污偏重輪迴六趣投生，也是佛法傳說的「人道是從二禪境的『光音天下生人間』」。從眾生修行的次第來看，入二禪後須修遠離五根識，可斷見惑三結及前六品的思惑，得「**斯陀含**」果境。得斯陀含果的聖者，不會投生三惡道，其定力與修行也不會退失，至多在天界與人間往返一次，就可以得到解脫。能圓滿成就二禪，就能證入一元性的無分別三禪境，而這是彌勒菩薩的般若平等性智。

從演化觀點看，前五識是依他起性（面對真如法）演化，是攫取眾生報身外在（環境）與內在（器官組織）物質的物理或化學訊息，轉化為神經傳導的訊息，就如同周

邊神經系統與自律神經系統的演化。而第六意識是遍計所執性（面對緣起虛妄法）演化，是演化出能整合這內外的神經傳導訊息，所以演化出五十一心所法來主導身口意行為，如大腦皮質的意識分別與邊緣系統的情感生理反應控制。這也是第六識具備所有心所法的原因。《意識究竟從何而來》作者依近年來的神經學證據，提出意識心智的最初「原我」與「核心自我」是建構在腦幹與視丘附近的中樞神經。「原我」與「核心自我」是由遺傳基因決定的物質性結構，用來產生「身體圖像」與「原始感覺」，以便進行意向性轉成圖像性的生命管理，使生物體的生命隨時處於衡定狀態，而且人類的「自傳體自我」也只是透過核心自我機制建立起來。「自傳體自我」是一種以有意識的方式呈現自傳，但被學習知識、歷史文化和社會經驗所塑造著。「自傳體自我」的自傳內容，即是個人記憶、過去生活經驗和為未來做計劃的總和。而最重要的原因是人道演化出第六意識的腦神經系統，才是創造出眾生電磁波場的法身「本有」，而這也才是輪迴開始的主體。（見《統一物理學》〔十三〕從空間單元理論談：法身與生物的電

261

磁波）

※ 真如法識的三能變（賴耶異熟能變、末那思量能變、意
識分別能變），都是識本體的轉換，是沒有從屬的演化
結構相伴，不同於五根識如普賢、觀音、文殊的有菩薩
眷屬。所以佛經中提到**地藏菩薩**（及其分身）、**彌勒菩
薩**（及其三十三天〔忉利天〕宮）、**除蓋障菩薩**時，都
沒有說到其有眷屬。

生命的理性──般若平等智覺系統──彌勒菩薩

在哲學中，**理性**（英語：Rationality）是指人類以自我
為中心，能夠運用理智的能力，審慎思考各項客觀的證據
後，以推理方式，推導出合理的結論。**同理心**（empathy）
是指在他人的參照系統中，理解或感受他人正在經歷的事
情的能力。這包括識別、理解和同情他人的感覺、情緒、
思想、動機和人格特質的能力和意願。同理心通常還包括
對他人的感受做出適當反應的能力，例如憐憫、哀悼和出
於同情的幫助等。但這兩者都因為有我相（主、內）、人
相（客、外），而落入二元性分別，因而也會有眾生相（空

262

間）和壽者相（時間）。佛法講「諸法皆空」，是指諸法從緣生，緣生法當中無自性；這個無自性是指無恆常自性。但在唯識學上有個最重要的旨意，即「萬法唯識」——宇宙萬有一切諸法，都只是心識變現的假相，也就是法的假相會因覺知的識體不同而變，如一境四心。而有異熟種子的眾生生命基礎——阿賴耶識，佛法中是真如法的六大（地水火風空識）之一。如來藏學派認為阿賴耶識，是三乘佛法的唯一所依之如來藏，即真如的因地別名之一。

娑婆色界物質性「**有**」（都是以**夸克聚合**成基本粒子）——即眾生生命的演化，是由異熟阿賴耶識的五遍行心所法，演化出恆審思量的第七末那識開始。與演化最相關的是阿賴耶識的「思」心所法，演化出能執阿賴耶識為「**我**」的第七我執識。第七識所相應的心所法只有十八個，與其他的三十三個心所法都不相應，其中最重要的是四個根本煩惱（我癡、我見、我慢、我愛）。第七識遍行心所法的「觸、作意、受」，是對第八賴耶識緣起真如法的法相作恆審思量。「想、思」是內在的工作；「想」，即是相（像），是在內部建立所對的外緣物（真如法）的依他起特有相，

即賴耶業因種子遇外緣所起的相；此相非真如法的真如相，只是眾生識依真如法的緣起相，如所謂的「一境四心」。這即是唯識學所說的「三界唯心、萬法唯識」的道理。「思」心所法，是內部取相而採取相應行動。從眾生雜染的末那識來看，由五遍行心所、別境的慧心所，與此四根本煩惱及衍生的八個大隨煩惱（昏沉、掉舉、散亂、不信、懈怠、放逸、失念、不正知）演化結構成**五上分結**（色愛、無色愛、掉舉、慢、無明；結，繫縛、煩惱之義）的法界。

從修行人得二果斯陀是「三結斷，貪、恚、癡薄」狀態，轉入末那識修行三禪。三禪修行是要轉末那識成平等性智來看，修遠離第六意識，可斷五下分結（貪、瞋、身見、見取見、疑見），名離關鍵（《雜阿含經·卷15》第三八七經），得無門（《中阿含經·卷54》第二百經），可得不退轉的「阿那含」三果。所以眾生成就二禪，斷離第六意識的分別法界，轉入三禪的末那識的無分別法界，即是彌勒菩薩救渡的平等法界。是《雲巖禪師寶鏡三昧》所說的「銀碗盛雪，明月藏鷺，類之弗齊，混則知處。」三禪修行最重要的是彌勒菩薩救渡功德——轉末那識成平

等性智，所以《大寶積經‧第111卷》中說：「爾時阿難白佛言：『世尊！是彌勒菩薩甚為希有，而能成就無量辯才，隨眾生念**平等說法**，而於文字無所繫著。』」。《大寶積經‧第111卷》中說：「阿難！彌勒菩薩往昔修行菩薩道時，作是願言：『若有眾生薄婬怒癡成就十善，我於爾時乃成阿耨多羅三藐三菩提。』」所以修行人，可以在彌勒菩薩救渡的法界成就，轉末那識成平等性智，得不退轉的「阿那含」三果。故在《大寶積經‧第111卷》中，佛陀特別為彌勒菩薩說不退轉阿耨多羅三藐三菩提：「佛復告彌勒菩薩摩訶薩言：『彌勒！若諸菩薩摩訶薩畢竟成就八法，不退阿耨多羅三藐三菩提，於勝進法中不退不轉，行菩薩行時降伏一切諸魔怨敵，如實知一切法自體相，於諸世間心不疲倦，以心不疲倦故不依他智，速疾成就阿耨多羅三藐三菩提。』」

相傳彌勒菩薩比釋迦牟尼佛更早發心，但是釋迦牟尼佛卻較早成佛（見《大毘婆沙論》）。《大寶積經‧第111卷》說：「佛告阿難：『我於往昔修菩薩行，常樂攝取眾生、莊嚴眾生。然彼彌勒修菩薩行經四十劫，我時乃發

阿耨多羅三藐三菩提心。由我勇猛精進力故，便超九劫，
於賢劫中得阿耨多羅三藐三菩提。』」、「阿難！彌勒菩
薩往昔行菩薩道時，不能捨施手足頭目，但以善巧方便安
樂之道，積集無上正等菩提。」所謂的「善巧方便之道」
是說：「佛告阿難：『彌勒往昔行菩薩道，晝夜六時偏袒
右肩右膝著地，合掌頂禮，於諸佛前說「偈言」。（即如
淨土宗的他力法門）』」、「佛告阿難：『彌勒菩薩安住
如是善巧方便，積集阿耨多羅三藐三菩提。阿難！我昔求
道受苦無量，乃能積集阿耨多羅三藐三菩提。（如小乘、
禪宗的自力法門）』」。三禪境地的特質是（捨、念、樂、
慧、一心）以極樂與智慧為主，這是西方阿彌陀佛所居的
極樂世界，因此也是釋迦佛說彌勒菩薩是以善巧方便（念
佛法門），於佛前頌「偈言」得道。釋迦牟尼（第八識大
圓鏡智）能比慈氏菩薩（第七識平等性智）早九劫成佛，
是大精進力的結果。所以一般皆稱彌勒菩薩為一生補處之
菩薩，原為「最後之輪迴者」之義。謂經過此生，來生定
可在世間成佛（略稱補處，即指菩薩之最高位——等覺菩
薩）。

※ 補處是從第七位要進階第八位，依鄭軍著的《太極太玄體系》理論，由「宇宙全息重演律」的週期演化的八卦圖可知，每一層八卦 1 ～ 8 代表一個子週期，而這終點的 9 是進入高一級的週期的始點 0。所以「第九佛」應不是娑婆世界演化的智覺，而是進入另一週期世界的演化初佛。

　　第七末那識轉成一元性無分別的平等性智，就是《金剛經》所謂無四相（我、人、眾生、壽者）的般若智慧，「般若波羅蜜」意即以般若智慧到達解脫的彼岸。這也是嬰兒剛出生時，第六意識尚未發育分別運作，就開始將自己接觸到的東西，與眼睛看到的東西視為一體（《觸覺不思議》page 26）（這是第七末那識的作用）。彌勒菩薩的平等法界，是沒有四相分別的一元性，其運作的方式是依著「熱力學第二定律」——能量是從高的往低處分布，直到系統達到平衡；也是老子所說的「損自己的有餘，補他人的不足」的運作方式。因為彌勒菩薩的平等性智是般若智慧，所以常與求般若波羅蜜的常啼菩薩並提。《大智度論 · 卷九十六 薩陀波崙品第八十八》中說：「佛告須菩提：『菩

薩摩訶薩求般若波羅蜜，當如薩陀波崙菩薩摩訶薩。是菩薩今在大雷音佛所，行菩薩道。』」、「問曰：何以名薩陀波崙？薩陀，秦言常，波崙名啼。有人言：以其小時喜啼，故名常啼。有人言：此菩薩行大悲柔軟故，見眾生生在惡世，貧窮、老病、憂苦，為之悲泣！是故眾人號為薩陀波崙。」依據《大智度論》的闡釋，常啼菩薩的「啼哭」並非完全是煩惱相，而是具「悲心」的一種表現（《福嚴佛學研究》第九期 49～74 頁）。而這平等性智的四無量心——慈悲喜捨的運作，也即是耶穌基督的博愛法教——「王要回答說、我實在告訴你們、這些事你們既作在我這弟兄中一個最小的身上、就是作在我身上了。（《馬太福音》25.45）」所以能成就平等性智的聖人，也都與彌勒、耶穌一樣是「常啼菩薩」。

※ 第七末那識的彌勒菩薩，比釋迦摩尼早發心，卻晚成佛，這是因為第七平等性智是有情識與真如法緣起一如、梵我一如的一元性境，但此境的慈悲喜捨有積極與消極兩個面向。釋迦摩尼面向積極面攝受眾生（含有情與無情），與眾生識緣起法一體，當然會很快成就梵我一如。

彌勒菩薩處消極面向，對眾生（含有情與無情）採念佛（真如法）法門，這樣緣起法的一體性要達成梵我一如就有落差。

本體業覺系統——除蓋障菩薩

第八識阿賴耶識是眾生的本體智覺，是「言語道斷，心行滅處」，也即是六大（地水火風空識）的真如法之一。依《統一物理學》來看，眾多夸克（$E_{1595819}$）通過共享的結合體其以**激發態能量**運轉的是「**原質**」（一切無情法、物質的源頭），而此眾多的夸克 $E_{1595819}$ 相連接的 6 維封閉**空間的結合體**是「**原人**」（一切有情識、心靈、精神的源頭），而且這「原質」與「原人」是一體的存在於無色法界。夸克所構成的「**原質**」與「**原人**」是存在物質性「**有**」的報身與法身源頭，就如基本穩定粒子的電子、質子，都是由 $638327600 = (2\pi/\alpha)^3 = 400 \times 1595819$ 個空間基本單元組成的能量體。宇宙物質性「**有**」能量體的演化，從基態的空間基本單元到原子核形成，以及各種元素演化的週期規律可知，元素演化的方向是依循著自然法則的，包括原子核的

初始條件、環境的宇宙常數與物理法則。而且這一重要規律可能就是「**宇宙全息重演律**」的基礎。空間基本單元理論就發現質子演化形成元素，會有不同的原子空間能量特異性**系數** O，以及原子核能量特異性**系數** Ω。所以不同元素形成時，就開始展現出元素「有」的不同個性與脾氣。

在地球形成的過程，溫度持續冷卻，不穩定的簡單元素、分子利用共價結合成長鏈聚合物如碳水化合物、胺基酸、脂質等大分子，並釋出更大量的化學能，也是生命有機分子的演化序幕。這些元素、分子、大分子聚合物的演化形成過程，並不是混亂無序的，是依照不同溫度下的物理常數與規律進行的。這是「**創造者**」（或稱**上帝、佛性、空間單元**）介入的那隻手操作的。雖然進入 RNA、DNA、蛋白質酶等大分子的演化是屬於「定向選汰」的定向演化學，但環境因素如磁場、溫度與濕度等仍然決定於空間中的空間單元，且影響著分子間的任何反應作用（參見《2018諾貝爾化學獎——化學的革命性進化：酵素定向演化》）。當眾生「有情」——具生命的物質性「**有**」能量體出現，有情的「眾生識」會因生存行為，將原本無垢的佛性識演

化成有染污的眾生識（阿賴耶識）。唯識學說第八識（阿賴耶識）又稱藏識，具備有「三藏」功能——即能藏、所藏、執藏，且只與五遍行心所法（觸、作意、受、想、思）相應。

關於業力的運作，依《統一物理學》理論，在此中「原人」（真如白淨識）的識體，都是未激發態的空間單元體6維結構複雜的結合，無自旋的能量顯現是純然的、無垢的、淨靜的鏡面。「金胎」（是有異熟業種）的識體，因其複雜的空間單元結合體呈現各種微弱激發態的能量而有自旋性（這即是**無明的業力種子**），其若遇上有相同能量態的物質（「原質」）會因引力的交互作用而有諧振，此時「金胎」中的這一種空間單元結合體種子，會因與該物質的能量諧振，轉化成另一種諧振能量，也就是「金胎」6維空間明鏡識性的顯現「原質」的緣起法相，這法相並不是「原質」的真如相，而是依「金胎」而變，即是「一境四心」的道理。「**理性**」（第七末那我執識）的複雜空間單元結合體，是隨時與「金胎」中被激發的空間單元結合體諧振，同時將這「原質」緣起法相的諧振運動傳給了「心意」（第六意識）。「**心意**」的空間單元結合體被「理性」的諧振

271

所激發後，會在其龐大的單元結合體結構中的某區域產生諧振，而改變這區域的單元結合體結構（這是名相記憶分別的源頭）。「**五根識**」（感官的對象）是利用感官接觸外部所遇的物質（「原質」）能量振動，再將此振動同時傳給了「金胎」與「心意」。這樣「人道」八識的空間單元結合體與身體內部肉體物質性的空間單元結合體諧振形成「個體自我」運作著。

　　阿賴耶業識（第八識大圓鏡智）經三能變與其他七識的演化，使人類這種眾生具備了八種覺智。而從佛法的教義看，是第八業識智佛對普賢（眼）、觀音（耳）、虛空藏（鼻）、文殊（舌）、大勢至（身）、地藏（意）菩薩等教化、勸發道意而成就其功德的。在《諸佛要集經》中記載：「天王佛言：『是離意女，在文殊前九十六億百千俱胝阿僧祇劫，遵修道行，後勸文殊令發道意。此女所化如文殊等，東方世界如恆河沙，南西北方四維上下，亦復如是。』」、「文殊問佛：『誰能堪任感動此女從三昧起？』佛告文殊：『唯有如來能令興起，復有菩薩，名棄諸陰蓋，亦能使興。』佛稱棄諸陰蓋菩薩名故，三千大千世界六反

震動。」、「又族姓子棄諸陰蓋菩薩大士，勸離意女使發道意，八維上下各如恆沙，亦復如是，所開化者，如離意女等無差別。今我於此得成佛道，亦轉法輪，棄諸陰蓋本勸化吾使發道意，乃至久遠過去世時，須彌幡等諸佛如來；在世教化如我等類，現在十方各如恆沙；其滅度者不可稱計。」此《諸佛要集經》經中，特別提到釋迦佛（第八阿賴耶識轉成大圓鏡智）的成佛道，是棄諸陰蓋菩薩的救渡功德。當然此棄諸陰蓋菩薩修行救度的是四禪（阿羅漢）法界，正如《佛說除蓋障菩薩所問經》所說的：「有世界名大蓮華。其中有佛號蓮華眼如來。為諸菩薩宣說法要。彼所說法唯以一乘發起利益。彼佛剎中無有聲聞緣覺名字。況復聲聞緣覺乘法。又彼世界有情。皆修菩薩行法。得不退轉於阿耨多羅三藐三菩提。又彼世界。不以飲食而為資養。彼諸菩薩。悉以等持靜慮法喜為食。彼有菩薩摩訶薩名除蓋障。獨止一處。若諸有情聞是菩薩名者。一切障累悉得蠲除。」

參考資料

- 釋敬定。〈《金剛經》與《地藏經》思想探微〉。圓照寺全球教育生命網。取自 http://www.yct.com.tw/life/98drum/98drum07.pdf

- 洪啟嵩主編（2013）。《地藏菩薩經典》。新北：全佛文化事業出版社。2013 年 12 月初版。ISBN 978-957-9462-21-1。

- 洪啟嵩主編（2017）。《彌勒菩薩經典》。新北：全佛文化事業出版社。2017 年 3 月初版。ISBN 978-957-9462-20-4。

- 釋長慈。〈常啼菩薩求法故事中之人物略探（一）〉。《福嚴佛學研究》，第九期，49 ～ 74 頁。取自 https://www.fuyan.org.tw/download/journal/fbs/FBS_vol9-3.pdf

- 《諸佛要集經》。取自 T17n0810.pdf（ntu.edu.tw）

- 《佛說除蓋障菩薩所問經》。取自 T14n0489.pdf（ntu.edu.tw）

【附錄】
質數循環的創生秘密

　　《統一物理學》作者所提出的「**空間基本單元**」理論，發現經典物理學所謂的**質子**、**電子**，都是由 638327600 個激發態能量的空間單元所組成。而激發質子態 638327600 能量是 $E_p = 400 \times 1595819$，也就是 400 倍夸克（$E_{1595819}$）能量。這夸克是以質數 1595819 的空間單元所組成，所以可以理解為電子、質子這些基本粒子是由 400 個完整不可分割的空間單元集合體組成。1975 年，數論學家唐・察吉爾評論質數：「像生長於自然數間的雜草，似乎不服從機率之外的法則，卻又表現出驚人的規律性，並有規範其行為之法則，且以軍事化的精準度遵守著這些法則。」作者對夸克是以質數 1595819 的空間結構組成，做進一步的探討，包括循環質數、質數全景圖結構、自然常數、生命之花及生命之樹等知識。

275

利用牛頓發明的極座標系統，來展示質數全景圖結構可以看**質數**的特性，即愈大數底下的數字愈多，含有因數的可能性也更高，所以質數會愈來愈稀有。如果以標出 2 萬個數字中的質數時，這些質數在極座標上形成 2 個旋轉相位相差 180 度的旋臂，每個旋臂均擁有 10 條由質數構成的螺旋線，並均以 5 為初始點。（《空間密碼》圖 5-1 page 86）在一個混沌無序體系的能量運動中，要麼在混亂中迅速瓦解，要麼在質數規則的主導下，形成有序的運動及穩定的結構體系而長期存在，也就是說質數構成的能量體系，在沒有外界干擾的情況下，會一直保持原來的體系不變。所以無論是大量的空間單元構成的粒子、還是大質量的行星、恆星構成的星系，其結構與運行都是遵循質數全景圖的構造規則。那麼為什麼夸克是以質數 1595819 的空間單元所組成？作者從卡巴拉生命之樹的知識尋找答案。

卡巴拉（Kabalah）思想是以生長於天國的「生命之樹」（Tree of Life）來象徵宇宙全體。以猶太秘教的觀點而言，伊甸園是一種境界，是「太初有道，道與神同在」，這就是指原人亞當的天人合一境界。猶太秘教認為，要到達這

種人神一體的原人亞當境界，必須通過代表生命樹的卡巴拉的修煉。卡巴拉以「生命樹」的架構闡釋人類存有的位置與目的、以及人與神的關係。這個生命之樹是由十個圓（sephirah）與 22 個徑（pass）所組成，提示人類應該如何透過四體的修煉，將人性意識提升至超凡智慧，達到與人神合一的途徑，成就靈性的圓滿。每個人是處於個別的王國，經過 22 個徑到十個圓，進行冥想的旅途，直到王冠為止。生命之樹大概可以分為三支柱，十個原質，四個世界，二十二路徑等基本結構。（《空間密碼》圖 5-4 page 90）

　　在生命之樹中，宇宙起源被置於第一個質點 Kether（1. 王冠）上方的空間中，是描繪有三層能量圈，第一圈稱為**無**（Ain）；再一圈稱為**無限**（Ain Soph）；最後一圈是**無限光**（Ain Soph Aur）。卡巴拉學者認為無限光就是一種能量，被認為由於它的能量外展進而創造了宇宙萬物。在生命之樹中，宇宙流溢每個階段都被有意義地編號——從 1 到 10，即從質點王冠（Kether）到王國（Malkuth）。每個數字的本性也被認為表現了數字對應的質點的本性。有趣的是，**卡巴拉思想也可以看到中華文化陰陽五行的概念。**

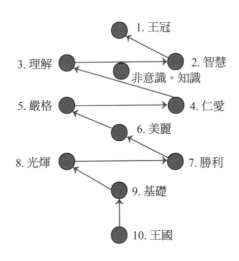

圖十　生命之樹的 10 個原質

數字	名稱	原質的寓意	空間單元理論的數字
1	王冠	有創造的泉源、生命力的泉源之意。這是創造萬物的本源能量，被認為是無限光能量進入原點的產物。	1193
2	智慧	又名為「至高之父」，為「男性原理」的象徵。原點陽性能量以強烈、向外、與光同速度推進的原始態能量，向外擴展出空間與時間。	e

3	理解	又名「至高之母」，象徵「女性原理」，賦予所有事物的形體。這是原點的陰性能量（宇宙神聖之母），成為貫穿整個宇宙的種種存在。	e 土星
4	慈悲	代表純粹而神聖的宇宙法則──「愛」。	e 木星
5	力量	代表法、神的權利、惡的發現、怒。別名是「天使的外科醫生」，又稱為天空的外科醫生。	11981 火星
6	平衡	生命之樹中央的位置。補充所有生物之能源的中心。	e 太陽
7	勝利	含有「豐饒」之意，有堅實、勇氣的意義在內。	7 金星
8	宏偉	有物質型態的「鑄型」之意。	1595819 水星
9	基礎	代表超自然的「astral 體」，也就是靈魂與肉體之中的靈氣。卡巴拉以此表現「前存在物質」。	400 月亮
10	王國	「物質的王國」之意，四元素的整合，物理存在的實相。	638327600 地球

　　最初的三個質點王冠、智慧、理解，稱為神聖質點（神
聖大三角），被認為是宇宙的原始能量。在理解（Binah）
後，宇宙開始著手於物質創造。從理解（Binah）之後一直
到王國（Malkuth）階段，通過創造新的複雜稠密的物質組
合，使得最初純粹的能量得以在世界中形成物質。由於能
量是造物的基礎，是由原始的無限光能量創造出物質及個
體。意識在卡巴拉中被認為是由物質世界產生，通過意識
來經驗和顯現自身。生命之樹不僅僅論及了物質世界的起
源，同時也談到了宇宙中人類的地位。對卡巴拉的修練者，
是要知曉他們自身與作為神的彰顯的宇宙，企圖沿著圖表
繪製的質點，啟程返回直至回到他們所尋求的現實中。

　　由《統一物理學》的理論推導知道，**達到擁有**
638327600 個空間單元的完整集合，是宇宙間粒子穩定存
在的必要條件，所以如電子、質子都是這樣的結構體。這
就說明物質的王國（Malkuth）的穩定存在如質子，必然是
擁有 638327600 這數字。從第 10 原質「王國」到第 9「基
礎（Yesod）」的構成關係，是以 400 個夸克（1595819）
質數集合體構成一個質子。所以第 9 基礎對應數字 400，

是非常符合邏輯。(《空間密碼》page 93)那麼因為 1595819×400 = 638327600,代表夸克(1595819)這數字是第 8 原質「宏偉(Hod)」。依常識知道,一個事物的自然發展必須符合自然常數 e 的規則。可以發現 1595819 = 11981×7×7×e 構成的。也就是說,質數 1595819 是由質數 11981 依據 7 的週期自然生長而來。所以第 7 原質「勝利(Netzach)」的對應數字是 7×7 週期,而第 6 原質「平衡(Tiphareth)」的代表是自然常數 e。第 5 原質「力量(Geburah)」就應該代表數字 11981。因為質數是不可分的,意味著是 2 個一半的 11981 形成一個 11981。從分解式子可以知道:2×11981 = 1193×e×e×e,表示第 4 原質「仁愛(Chesed)」、第 3 原質「理解(Binah)」、第 2 原質「智慧(Chochmah)」的代表都是自然常數 e。原質 1「王冠(Ketcher)」的數字就是 1193。

王冠(Ketcher),是與人類頭頂的大宇宙之間的接點,有創造的泉源、純粹存在、生命力的泉源之意,所以這循環質數 1193 也應擁有創造一切、純粹存在、生命力的泉源的性質。也就是說由生命之樹的歷程,可發現宇宙

物質的創造是透過 1193 個空間單元的循環運動，形成了質數 1595819 個空間單元的集合體——「夸克」，最後再以 400 個夸克形成質子。奇特的是，1193 的二進制碼是 10010101001，同樣形成了回文對稱循環模式。（《空間密碼》page 96）

參考資料

● 姜放（2013）。《統一物理學》。北京：中國財富出版社。2013 年 1 月第 1 刷。ISBN 978-7-5047-4422-7。

● 姜放（2023）。《空間密碼》。北京：中國財富出版社。2023 年 6 月重刷。ISBN 978-7-5047-7046-2。

● 〈生命樹（卡巴拉）〉。維基百科。取自 https://zh. wikipedia.org/zh-tw/ %E7%94%9F%E5%91%BD%E6% A8%B9_(%E5%8D%A1%E5%B7%B4%E6%8B%89)

後記

如果從佛教修行位階來看，修行的路只有一條方向，從脫離欲界開始進入初禪，再經二禪、三禪後脫離色界，最後到無色法界，這境地就已經是「言語道斷，心行滅處」了。而佛法的三禪修行是轉末那識為平等性智──「我法一如」、「眾生是我」的大我法界，這法界也即是符合熱力學第二定律：熱量只能從高溫的物體自發地流向低溫的物體。

基督教提出的「愛人如己」，是以更簡單的方式將自己融入大我中，耶穌說：「我實在告訴你們，你們所作的，只要是作在我一個最小的弟兄身上，就是作在我的身上了。」（馬太福音 25：40）；而此句話也等於老子說的，「損自己的有餘，補他人的不足」。所以修行至平等性智法界者，如老子、耶穌、穆罕默德等的法身

是可以共鳴，不會有紛爭，是以「銀碗盛雪，明月藏鷺，類之弗齊，混則知處」的融合，這也是得三禪果位的禪宗大師的描述。

末法時代的現在，讓人困擾的是到處都是某某宗教大師、教主。這是因為數千年來修行者太多，但只有生前能斷六塵者才能脫離欲界。能正確修遠離六塵者，才能證入一心的初禪境，不會留戀聲色六塵的欲界。若只修行善（白）法的修行者，不能證得心一境性禪境，最終法身仍困在不同層次的欲界天法界。

依佛法教義欲界六層天，包括四天王天、忉利天、夜摩天、兜率天、化樂天、他化自在天。這些修行者法身遊蕩在低層次的欲界天法界，到處烙印相應的信徒，造成娑婆世界的大小宗教道場到處林立，才有大家看到的宗教亂象。數千年來，因為科學與宗教無法對話，這個宗教混亂到處引起的衝突才無法解決。本書試著從宗

教的理論與物理學的原理來說明眾生的化報法三身，希望能解決這個困境。

想起有位智慧老人說：「別讓自己的頭腦，變成別人的運動場」，這值得好好警惕，眾生的三身，都應該這樣照顧。這句話是針對眾生的化身說的，因為化身烙印是社會文化的產物，是很容易「近朱者赤，近墨者黑」。報身烙印是生物學、遺傳學的領域，卻是很容易成為廣告商品、保養偏方的運動場。法身烙印，是不屬於意識層次可以認知的。因為人是帶業的眾生，在六塵中易與業緣共鳴，產生業果的現行，當然法身很難防範被烙印。最好的方法是「遠離」──敬鬼神而遠之！縱使做不到遠離，至少要選擇白（善）法增上的師友，增加白法的染污，畢竟「諸惡莫作，眾善奉行，是諸佛教」。

眾生的三身很容易受外界的訊息影響，尋道修行要

警覺，看好寶貴的三身，別被烙印、染污了。目前世界的宗教亂象，只有眾生開始關注自己的法身，對法身被烙印有病識感，知道不被隨便收編烙印，宗教的亂象就會減少。這對那些未脫離欲界的修行者也是有幫助，沒有烙印的信徒關注，因其本來就是白善法成就的法身，會再往上修煉，不會逗留在低層次法界。而這也是解脫，各宗教的法靈也不被信徒綁在一起了！

國家圖書館出版品預行編目(CIP)資料

唯識學與物理學的統一／周財福 著 .--
-- 初版. -- 新北市：集夢坊出版，采舍國際有限公司發行
2024.5　　面；　　公分
ISBN 978-626-97821-2-3（平裝）
1.CST: 唯識　2.CST: 物理學　3.CST: 佛教哲學

220.123　　　　　　　　　　　　　113002292

唯識學與物理學的統一

出版者●集夢坊

作者●周財福

印行者●全球華文聯合出版平台

總顧問●王寶玲

出版總監●歐綾纖

副總編輯●陳雅貞

責任編輯●Sharon

美術設計●陳君鳳

內文排版●王鴻立

台灣出版中心●新北市中和區中山路2段366巷10號10樓

電話●(02)2248-7896　　　傳真●(02)2248-7758

ISBN●978-626-97821-2-3

出版日期●2024年5月初版

郵撥帳號●50017206采舍國際有限公司（郵撥購買，請另付一成郵資）

全球華文國際市場總代理●采舍國際 www.silkbook.com

地址●新北市中和區中山路2段366巷10號3樓

電話●(02)8245-8786　　　傳真●(02)8245-8718

全系列書系永久陳列展示中心

新絲路書店●新北市中和區中山路2段366巷10號10樓　　　電話●(02)8245-9896

新絲路網路書店●www.silkbook.com

華文網網路書店●www.book4u.com.tw

跨視界・雲閱讀 新絲路電子書城 全文免費下載　silkbook○com 新・絲・路・網・路・書・店